AF499944

Frs. evesque de petrée

ESQUISSE

DE LA VIE

ET DES

TRAVAUX APOSTOLIQUES

DE SA GRANDEUR

MGR. FR. XAVIER DE LAVAL-MONTMORENCY,

PREMIER ÉVÊQUE DE QUÉBEC;

SUIVIE

De l'Eloge funebre du Prelat.

Bonus vir de bono thesauro cordis
sui profert bonum.
S. Luc vi. 42.

QUEBEC:

Chez Augustin Côté & cie. Imprimeurs-Libraires,
Près l'Archévêché.

1845.

NOTE.

L'Editeur des deux morceaux qui suivent, n'ignore pas qn'ils eussent été mieux vus du public et mieux accueillis des amateurs, s'il eût fait connaître d'où provenaient ces deux compositions. Revêtues ainsi de quelque caractère d'authenticité, elles eussent été mieux accréditées; mais, sur ce point, il ose espérer qu'après toutes les peines qu'il a prises pour s'assurer des faits qui y sont rapportés, et pour vérifier les dates qui se rattachent aux divers évènemens, ils sont autant à l'abri de la critique que toute autre esquisse de vie qu'on répand dans le public. L'éditeur avoue que sur quelques dates, ou sur la précision des époques qu'il s'est donné la peine de comparer, il a trouvé avec d'autres historiens des différences; mais ces variantes étaient trop peu notables pour mériter d'être signalées aux lecteurs. Il a tout lieu de croire que ces livrets sont ce qu'on peut avoir de plus complet sur l'illustre personnage qu'il nous font connaître. C'est la seule raison qui l'induit à leur donner publicité.—Il regrette, comme tout autre, de ne pouvoir exprimer quel est l'auteur des lettres dont la citation y est si fréquente.—D'ailleurs, quelque soit le mérite de l'écrivain, il n'ôte rien à celui du personnage dont il nous raconte l'édifiante histoire.

A

LETTRE XIX.

ACCOMPAGNANT LE LIVRET

INTITULÉ

Esquisse de la vie de Mgr. de Laval.

Mon cher Adolphe,

Monsieur de Citrin s'est occupé sans relâche, depuis deux semaines, à vous faire copie d'un livret que j'avais autrefois rédigé sur la vie et les œuvres de l'infatigable Monsgr. De Laval, premier Evêque de l'Eglise du Canada. Je le joins à la présente, persuadé que je suis que vous le lirez avec intérêt et édification. Je vous préviens qu'il devra être tenu propre et conservé soigneusement. M. Chamou de Citrin n'a pas, vous le savez, le loisir de copier sans cesse, et le bureau, par le temps qui court, est encombré de paperasses. Il nous faudra à tous deux mettre plusieurs jours pour balayer nos tapis, encore nous faudra-t-il l'aide de quelque écrivain-copiste intelligent.

Vous trouverez dans ces pages des traits historiques assez rares, vous y verrez les commencemens et les progrès de l'Eglise de la Nouvelle-France. Dans les autres mémoires que j'ai sur les différentes maisons religieuses de cette colonie, vous verrez le zèle que l'illustre Evêque déploya pour la conversion des sauvages et pour la conservation de la foi chez les colons.

Ne vous étonnez pas si vous remarquez ici l'absence de quelques particularités de la vie du vénérable Prélat. Je n'ai pas prétendu vous donner une relation suivie de ses actes et de ses dires, je n'ai pas voulu non plus faire un panagérique de ses vertus, je n'en ai pas le temps, ni les moyens. D'ailleurs, une histoire détaillée des actions de ce saint homme embrasserait l'histoire de la colonie pendant cinquante ans.

Je me suis occupé ces jours derniers (je dirais avec plus de vérité : ces nuits dernières) à vous préparer un aperçu de l'histoire de l'Hôtel-Dieu. L'Hôtel-Dieu, cher Adolphe, l'Hôtel-Dieu ! établissement précieux que j'ai souvent visité avec intérêt. Oh ! que notre religion est belle dans ces monastères où l'on voit les actes du plus pur dévouement, de l'héroïsme le plus méritoire.

Mais cette lettre, mon cher Adolphe, ou plutôt cette préface est assez longue. Je m'en tiens à vous recommander de lire ces pages avec attention et de bien vous classer les faits dans l'esprit......Lisez beaucoup—j'entends lisez avec application. *Non multa, sed multum.* Vous m'entendez ?—cela suffit.................... Soyez constant dans vos études et docile.

Votre affectionné, comme toujours,

DE VAPEAUME.

ESQUISSE DE LA VIE

ET DES

TRAVAUX APOSTOLIQUES

DE

MGR. FR. XAVIER DE LAVAL-MONTMORENCY,

PREMIER EVEQUE DE QUEBEC.

CHAPITRE I.

ENFANCE DE M. DE LAVAL.—SA PREMIÈRE ÉDUCATION. —SA PROMOTION AU SACERDOCE.—L'HERMITAGE DE CAEN.—PROJET DE FONDATION D'UN EVÊCHÉ EN CANADA.—SACRE DE MONSGR. DE LAVAL.—SA JURISDICTION LUI EST CONTESTÉE.

L'ILLUSTRE et pieux prélat dont nous traçons ici une partie des nobles actions, l'intrépide FRANÇOIS-XAVIER DE LAVAL-MONTMORENCY, naquit à Laval, ville du Maine, dans le diocèse de Chartres, le 30 d'avril 1623, et non le 23 de mars 1622, comme l'ont avancé quelques écrivains (*a*). Cette petite ville est aujourd'hui chef-lieu du département de Maïenne. Son père, Hugues de Laval, sieur de Montigny, le plaça, jeune encore, au collége des Jésuites, à la Flèche, où il fit son cours d'études avec des succès des plus brillans. En 1631, lorsque le jeune François n'avait encore qu'un peu plus de huit ans, il reçut la tonsure; et deux ans plus tard, son oncle, l'évêque d'Evreux, le fit chanoine-honoraire de sa cathédrale. Deux des frères du jeune abbé étant morts, cédant à une impulsion étrangère, il quitta l'habit ecclésiastique pour aller prendre soin de sa famille et administrer les biens qui lui revenaient par la mort de ces deux frères (*b*). S'étant bien vîte débarrassé de ces objets temporels, il s'incorpora de nouveau à la milice du sanctuaire, et à dix-neuf ans, il se rendit à Paris pour commencer son cours de théologie qu'il continua jusqu'à l'âge de vingt-quatre ans qu'il fut ordonné prêtre (*c*). Un an avant d'être promu au sacerdoce, en 1645, le jeune lévite avait été nommé Archidiacre d'Evreux. Cinq ans plus

(*a*) Entr'autres, M. l'auteur de la "Liste Chronologique des Prêtres du Diocèse de Québec." Ce n'est pas d'ailleurs la seule inexactitude qu'ait commis le rédacteur de cette liste. Nous reviendrons de temps à autre à la tâche d'en relever d'autres.—*Note du Copiste.*

(*b*) Nous avons rencontré des documens signés: HENRY DE LAVAL, "bénédictin, prieur de Notre-Dame, Vic.-Génl. de l'Evêque de Québec, Procureur de l'abbaye de Lestrées." Nous ignorons s'il était proche parent de l'Evêque.—*Note du Copiste.*

(*c*) Ceci est encore en opposition à la légende qu'offre la *Liste Chronol.*—*Note du Copiste.*

tard, il résigna son archidiaconé en faveur du pieux écrivain Henri-Marie-Boudon, auteur de plusieurs ouvrages ascétiques dans lesquelles brille une piété au-dessus de tout éloge, homme estimable, dont le théologien Collet nous a laissé la vie. M. Boudon avait été précepteur de M. de Montigny.

Vers ce temps, ou peu après, M. de Laval, plus connu à cette époque sous le nom de *Montigny*, renonça à tous les biens dont il avait hérité par la succession de ses frères, et à son patrimoine même. Voyez note (A) à la fin de l'esquisse.

Le modeste abbé de Montigny assistait à de pieuses conférences instituées, d'abord à la Flèche, puis ensuite continuées à Paris, au faubourg St. Marceau, par le Père Bagot, jésuite. Il s'y rendait régulièrement, comme aussi plusieurs personnages chers à l'Eglise et à la France, entr'autres, Messieurs De Meurs, Fermanez, Gazil et Poitevin, fondateurs du Séminaire des Missions Etrangères à Paris (*a*). Ce fut dans ces conférences et dans les réunions qui avaient pour but de les favoriser, que M. de Laval fit la connaissance de M. Ange de Mezerets qu'il décida plus tard à se consacrer aux missions du Nouveau-Monde, et qu'il ho-

(*a*) Ces messieurs sont réputés *fondateurs* du séminaire des Missions Etrangères, parce qu'ils furent les premiers qui prirent charge de l'établissement. MM. Gazil et Poitevin sont les seuls désignés dans les lettres-patentes royales comme fondateurs.

nora du titre de Vicaire-Episcopal (grand vicaire) à Québec, et d'un autre de ses frères qui se fit carme-déchaussé. Rendu au Canada, M. de Laval rétablit, de concert avec les autres prêtres qui en étaient membres, les mêmes conférences comme elles étaient tenues à Paris. C'est aussi dans une de ces réunions qu'ils décidèrent M. Dudouit, sur le compte duquel je vous dirai quelque chose plus tard, homme de science et de probité, à s'engager dans l'état ecclésiastique (*a*). Cette pieuse confrérie fut toutefois forcée de se séparer en 1652, par les guerres civiles qui, à cette époque, ravageaient la France. Plusieurs des membres se réunirent à Argenton, en Normandie, dans le Château de Mezerets. En passant à Caën, ils visitèrent M. de Bernières de Louvigny, trésorier de France pour la généralité de Caën, qui s'était bâti au centre de la dite ville une maison qu'il appelait son *hermitage*, et qu'occupait avec lui l'élite d'une société de jeunes gens distingués par leurs bonnes mœurs. Il y menait affectivement la vie d'un anachorète partageant son temps entre les affaires de sa charge dont il s'acquittait avec la plus scrupuleuse probité, et l'exercice des conseils évangéliques qu'il pratiquait avec la ferveur et le zèle d'un cénobite. M. de Mezerets ne tarda pas à s'attacher à cet homme et fixa sa de-

(*a*) Lettre 115e,—M. Dudouit.

meure en son hermitage l'an 1653. Quelque temps après M. Dudouit y vint; et, M. de Laval qui venait de renoncer à ses biens patrimoniaux, ne tarda pas à s'y rendre.

La petite association observait toujours les règles prescrites par le fondateur: ce sont les mêmes qui font encore à cette époque partie des règles fondamentales de la maison du Séminaire de Québec. M. l'abbé de Montigny demeura quatre ans à l'hermitage de M. de Bernières, et y mena pendant ce temps cette vie édifiante et recueillie à laquelle il s'était formé bien jeune, et qu'il continua pendant les longues années de son apostolat dans la Nouvelle-France. Par les mémoires du temps, et notamment par les pages édifiantes que M. l'abbé de la Tour, secrétaire de Mgr. de Laval, nous a laissées sur les actes et les vertus de son pasteur, on voit clairement que le fervent abbé de Montigny s'appliqua constamment à imiter en toutes choses son patron, S. François-Xavier, qui fut l'Apôtre des Indes Orientales comme M. DE LAVAL a été celui des Indes Occidentales. Mais retournons encore un instant à l'hermitage de Caën.

C'est pendant son séjour chez M. de Bernières que l'abbé de Montigny se lia avec M. de Mésy qui fut plus tard, par l'entremise de M. de Laval, préposé au Gouvernement de la

Nouvelle-France. Devenu évêque de Québec, M. de Laval eût eu bien des fois lieu de se repentir d'avoir fait sa connaissance, si sa grande âme ne l'eût pas toujours mis audessus des persécutions ouvertes et cruelles qu'il eut à souffrir de la part du Gouverneur de Mésy qui se disait toujours son ami et son protecteur (*a*). Voyez la lettre sur M. de Mésy.

Il ne faut pas croire que M. l'abbé de Laval demeura oisif pendant qu'il séjournait à l'hermitage de Caën. Il venait d'être nommé directeur d'une communauté de religieuses hospitalières, en faveur de laquelle il soutint et gagna un procès considérable. A cette occasion, notre pieux abbé fit preuve d'une patience inaltérable. Non-seulement il montra un zèle supérieur à toute épreuve, mais encore il déploya un fonds de connaissance, une richesse de savoir et une si grande familiarité avec la jurisprudence, qu'il surprit tous ceux qui jusque là avaient cru le connaître, mais qui n'avaient pas même soupconné la vaste étendue de son érudition. Son mérite éclata et ses vertus brillèrent au grand jour. Le vénérable abbé ne tarda pas à être connu

(*a*) On se permet d'ajouter ici une circonstance bien honorable à la mémoire du prélat, et que nous trouvons consignée dans les écrits du temps :—c'est que pendant tout le temps que ce gouverneur le persécuta, il fesait célébrer chaque jour la messe pour obtenir du ciel la conversion de celui qui l'injuriait; et il eut la consolation de le voir mourir dans les sentimens du plus vif repentir.

à la cour, et à y être recommandé comme un personnage éminent en savoir et en vertu.

M. Olier (*a*), le vertueux fondateur de la maison de S. Sulpice, était un des membres les plus marquans de la société formée pour la conversion des sauvages de la Nouvelle-France. Il désirait que le gouvernement spirituel de la colonie que ses co-sociétaires voulaient fonder à Montréal, fut régi par un évêque qui aurait autorité, non-seulement sur les colons de l'isle, mais encore sur le vaste pays qui en dépendait et sur les Indiens qui en peuplaient les forêts. En effet, espérant un succès aussi réel que celui qu'ils ont obtenu, les directeurs de l'œuvre prévoyaient qu'il faudrait avant peu employer plusieurs prêtres au service des habitans de l'ilse et des environs, et qu'un évêque devrait être préposé à leur tête. Mgr. Le Gauffre (ami du Père Bernard, dit le *pauvre prêtre*), s'en occupait activement lorsqu'il plut au Seigneur de le retirer de ce monde (voyez note C à la fin du volume). Son œuvre de prédilection il ne l'oublia pas même à ses derniers instans, puisque par son testament il légua dix à douze mille livres au profit du futur évêque de Montréal. On désirait alors que M. l'abbé de Montigny fut pourvu de ce siége ; mais les circonstances ne permirent pas

(*a*) Voyez note B à la fin du volume.

que les plans arrêtés fussent sitôt mis à exécution. Les dispositions de Mgr. Le Gauffre entretenaient cependant le zèle des associés et les engagea à hâter l'exécution du projet. L'évêque de Grasse, Monseigneur Godeau, fut chargé par les zélés sociétaires d'en conférer avec les évêques de France, pour lors assemblés à Paris. L'assemblée du clergé adopta cette mesure, et pour en presser davantage l'exécution, elle députa deux évêques auprès de la Reine pour obtenir son assentiment. C'est alors que Sa Majesté, Anne d'Autriche, avoua aux délégués qu'elle avait antérieurement reçu à cet effet des propositions de la part des révérends Pères Jésuites du Canada. En effet, satisfaite de leur zèle pour l'avancement de la colonie, elle leur avait offert d'investir un des membres de leur maison des privilèges et des pouvoirs de l'épiscopat, d'obtenir en sa faveur des Bulles du St. Siége, et d'établir en Canada une chaire épiscopale en faveur du sujet qu'ils désigneraient comme apte à remplir les fins qu'elle se proposait. Les Pères de la Compagnie de Jésus représentèrent que ce plan ne se pouvait exécuter en ce qui les concernait, vû qu'il contrariait les constitutions de leur ordre, qui s'opposent à ce qu'un sujet de la compagnie soit revêtu de dignités. Chargés néanmoins plus tard de trouver un sujet assez zélé pour se consacrer à une mission aussi difficile, assez patient pour accomplir une tâche aussi ardue, ils désignèrent M. l'abbé de Montigny comme le seul homme capable de former des missionnaires en Canada, de réformer les abus et les désordres qui pourraient s'être introduits dans ces missions lointaines, de faire fructifier les principes qui y avaient été semés et de soutenir en toute occasion les droits de la morale et de la religion, attaqués de temps à autre par des colons de mœurs et de principes trop libres pour l'exemple des indigènes. Ajoutez à tout cela que sa science et ses talens le rendaient capable de s'acquitter de tous les emplois de la brillante dignité dont on devait le revêtir. Le Père Lejeune, qui avait séjourné environ dix-huit ou vingt ans au Canada, comme vous le verrez ailleurs (*a*), le fit agréer à la cour où ses manières, franches et modestes à la fois, lui concilièrent l'estime des principaux personnages qui le comblèrent d'éloges.

Cependant cette estime dont on entourait le pieux abbé de Montigny, ces protections que lui avaient ménagées ses talens, sa naissance, sa fortune, n'allez pas croire qu'il va les mettre en jeu pour obtenir un emploi plus distingué que celui de Vicaire Apostolique en

(*a*) Voyez Lettre 57e.

des contrées sauvages—non, non, il en agit bien autrement. Loin d'être attristé de la proposition qu'on lui fit d'aller s'ensevelir dans les forêts du Nouveau-Monde pour y exercer son ministère en faveur des peuplades sauvages, M. de Laval demanda à venir au Canada, mais seulement en qualité de simple missionaire ; puis il employa tous ceux qu'il considérait comme ses dévoués amis, afin que, par leurs efforts réunis, ils pussent l'exempter de recevoir le caractère épiscopal dont il se jugeait indigne. Enfin il s'efforça en tout sens de paralyser la volonté de la Reine. La Cour refusa d'obtempérer aux vues de l'humble lévite; et nonobstant l'invincible répugnance du modeste abbé, la Reine tint ferme. Ses amis et ses directeurs le pressèrent et le déterminèrent à accepter en lui fesant entendre combien sa visite et son séjour au milieu des idolâtres du Nouveau-Monde procurerait de gloire à Dieu. De plus, ils se cotisèrent et lui composèrent par souscription volontaire, un revenu de mille francs qui lui paraissait suffisant pour satisfaire à ses besoins en deçà des mers.

Enfin l'an 1657, le Pape Alexandre VII, fit expédier les Bulles de M. l'abbé de Montigny, le nommant Evêque de Pétrée en Arabie, *in partibus infidelium* et Vicaire-Apostolique en la Nouvelle-France. Jusque là il avait nourri l'idée qu'il éloignerait de sa tête une si funeste faveur.

Le titre de *Vicaire-Apostolique* que le S. Père conférait à M. de Laval excita des difficultés suscitées par l'ambition de la Cour de France ; mais la divine providence qui se sert toujours des passions des hommes comme de ressorts pour effectuer ses admirables desseins, fit que les objections qu'on apportait à reconnaître le nouvel évêque comme dépendant du S. Siége Apostolique, décidèrent la Cour de France à travailler à mettre Québec sur un pied respectable, afin que bientôt cette ville naissante pût être dotée d'un siége épiscopal. Le Pape s'était hâté de concourir à la nomination de M. de Laval, il avait approuvé ce choix, il y avait même applaudi ; il voulut aussi presser la prestation du serment d'usage par lequel il est exigé qu'un élu aux fonctions de Vicaire Apostolique, relevant immédiatement du S. Siége ne doit dépendre d'aucun souverain temporel. La Cour de France voulait de son côté que le nouvel élu lui prêtât serment de fidélité ; elle se soumit cependant aux volontés de Sa Sainteté, elle reconnut l'Evêque de Pétrée, puis se proposa de hâter l'érection de Québec en Evêché afin de se réserver le droit de *présentation de l'Evêque* qui l'occuperait dans la suite.

Ces difficultés levées, les Bulles ayant été approuvées de la Cour, et les autres formalités voulues par le droit civil et canonique ayant été remplies, l'humble abbé de Montigny se rendit, comme une victime muette et résignée, en retraite à l'hermitage de Caën pour se préparer à la consécration épiscopale qui devait être faite par Mgr. de Bayeux, assisté de Nos Seigneurs les Evêques d'Evreux et d'Ardue, suffragant de Sa Grandeur l'Archevêque de Rouen ; mais comme l'Archevêque de Rouen (*a*) était gardien des prérogatives et des droits de son Siége, et qu'il regardait le Canada comme fesant partie de sa jurisdiction, il s'opposa à la nomination de l'Evêque de Pétrée et même à l'établissement d'un Evêque au Canada. De plus, pressé par ses aviseurs légaux, le même Archevêque fit signifier à son suffragant, l'Evêque d'Ardue, le jour même que la cérémonie devait avoir lieu, défense d'assister à la consécration de l'Evêque de Pétrée, lequel fut obligé de se rendre à Paris pour y recevoir la consécration épiscopale.

Comptons pour quelque chose les sacrifices que fit l'abbé de Montigny en s'imposant les devoirs de défendre ses droits, pour la conservation desquels il agit, non par des motifs personnels, mais par le seul motif de soutenir les prérogatives et l'autorité de Rome, et en-

(*a*) François Harlay de Chanvallon, Archevêque de Rouen et qui fut aussi Archevêque de Paris. L'Abbé Legendre a écrit sa vie.—Paris, 1720. Il doit s'y trouver des détails relatifs à la nomination de M. de Laval ; c'est ce qui nous fait regretter de n'avoir pu nous en procurer un exemplaire.—*Note de l'Auteur.*

core par amour pour le maintien des règles et de la discipline : c'était, comme nous l'avons vu plus haut, le seul dessein d'être utile à l'Eglise qui lui fit accepter la charge épiscopale, et ce fut encore par le désir de servir sa religion qu'il était mû lorsqu'il résista avec tant d'énergie aux oppositions qu'on fesait aux volontés du Pape et du Roi qui voulaient fonder l'Eglise du Canada. Il sût néanmoins se soumettre avec patience aux exigences des circonstances, et le Nonce du Pape mit fin aux épreuves aux quelles il était assujéti en s'offrant à le sacrer lui-même. En effet, ce fut le jour de la conception, le 8 décembre 1658, que Monseigneur l'Evêque de Pétrée reçut le caractère épiscopal dans l'Eglise de S. Germain-des-Prés, à Paris, des mains du représentant de Sa Sainteté, assisté de Messeigneurs les Evêques de Rhodez (Abély) et de Toul (de Saussaie *a*).

L'Archevêque de Rouen, dans les procédés qu'on vient de lui voir exécuter, n'était pas mû seulement par le dessein de conserver intacts les priviléges de son siége, il faut encore laisser voir qu'il agissait par une impulsion étrangère. De fait, les Conseillers des Parle-

(*a*) Pour honorer davantage ce jour où un Evêque était accordé à la Nouvelle-France et pour mettre son diocèse sous la protection de la Ste. Vierge, le pieux prélat prit pour armes ou cachet un dessin représentant l'Immaculée Conception, et S. Louis, Roi de France. Ce cachet a été depuis le sceau du diocèse.

mens, que nous venons de désigner sous la qualité d'aviseurs légaux, craignaient plus pour la perte de leur jurisdiction sur le Canada que pour celle de l'Archevêque. Appréhendant que Mgr. l'Evêque de Pétrée n'engageât le Roi à établir un Conseil Supérieur à Québec, ce qui, disaient-ils, préjudicierait à l'autorité que le Parlement de Rouen exerçait sur les affaires du Canada, ils s'engagèrent à entraver son sacre et sa mission autant qu'il dépendait d'eux. En effet, en vertu de l'édit royal *ad hoc* et des Lettres-Patentes en faveur de la Compagnie du Canada, du 17 avril 1627, et de l'Ordonnance du mois de juin suivant, il est permis aux colons de la Nouvelle-France qui en appelaient des tribunaux de l'intendance, de plaider devant le Parlement de Rouen. Les Cours Souveraines se recrièrent donc contre la consécration de l'Evêque de Pétrée, et prétendirent aussi que sa qualité de Vicaire-Apostolique, dépendant seulement du S. Siége, ne devait pas être reconnue dans un sujet de la Couronne de France. Vaines et futiles objections qui n'eurent aucune suite non plus que les requêtes des procureurs royaux, puisque la Cour avait agréée l'expédition des Bulles de l'Evêque de Pétrée. Voilà ce que démontrait l'Evêque de la Nouvelle-France par des mémoires qu'il publiait, dans lesquels on remarquait autant la force de raisonnement que les ménagemens de la charité envers ceux qui l'incriminaient.

Les moteurs de ces oppositions, humiliés de l'inefficacité de leurs intrigues, portèrent les parlemens à profiter d'un dernier moyen qui leur restait : c'était d'engager l'Archevêque de Rouen à contester à l'Evêque de Laval sa jurisdiction et de référer à leur tribunal pour la décision de cette grande affaire.

Sa grandeur l'Archevêque de Rouen, réclama donc contre l'établissement d'un Evêché au Canada, parce qu'elle le regardait comme un démembrement de sa jurisdiction. Le prélat alléguait dans le mémoire qu'il présenta à ce sujet que les premiers prêtres venus en la Nouvelle-France, y accompagnaient les Normands qui émigraient aux plages américaines ; qu'ils avaient toujours exercé leur ministère auprès de ses diocésains émigrés, en vertu de pouvoirs qu'ils tenaient de lui ou de ses Grands-Vicaires. Mais, fesait observer l'Evêque de Laval, les Evêques de Lizieux, de Nantes, de S. Mâlo et autres, avaient aussi donné des pouvoirs aux prêtres de leurs diocèses qui étaient passés en la nouvelle colonie, l'Evêque du Canada n'aurait donc pu y exercer de jurisdiction sans avoir eu aussi au préalable leur assentiment ?.................Tout ceci fut encore sans effet. L'Evêque de Pétrée demeura indépendant du contrôle de l'autorité du métropolitain de Rouen.

Suivons le nouvel Evêque au Canada où il arriva le 16 juin 1659. Ici nous verrons qu'il a encore de nouvelles contestations à appaiser au sujet de sa dignité et de sa jurisdiction.

Nous avons vu les pitoyables arguties des Procureurs Royaux et du Présidens des Parlemens et tous les ressorts politiques qu'ils avaient mis en jeu pour engager le Roi à empêcher l'Evêque de Laval de fonctionner en ce pays et pour induire les colons à ne le pas reconnaître. Nous savons qu'elles n'eurent pas plus de suite que n'avaient eu les arrêts émis par le Parlement de Paris au sujet de la jurisdiction de l'Evêque de Pétrée comme Vicaire-Apostolique, dépendant du S. Siége.

C'est alors que les opposans, irrités du peu de cas que l'Evêque préposé au gouvernement spirituel de la Nouvelle-France fesait de leurs oppositions juridiques et de ce qu'il continuait ses préparatifs pour le voyage qu'il se disposait à entreprendre bien vîte, suggérèrent à Mgr. l'Archevêque de Rouen, d'envoyer au Canada, un Vicaire-Général qui y serait son chargé d'affaires. L'Archevêque, en effet, adopta ce plan et fixa son choix sur M. de Quaylus, abbé de Loc-Dieu, qui revenait au Canada où il avait travaillé quelque temps au saint ministère dans l'isle de Montréal, dont il était un des propriétaires, comme membre de la maison de S. Sulpice (*a*). Il se rendit en effet en cette colonie, muni d'amples pouvoirs ; mais toute personne étant bien disposée à recevoir un Evêque et peu de sujets ayant intérêt à souscrire aux vues du métropolitain de Rouen, on se réjouît en apprenant qu'un Evêque était préposé par la Cour de Rome à l'administration canonique de la colonie. Le Grand-Vicaire repassa en France quelques mois après être arrivé à Québec. Pour M. l'Evêque de Pétrée, il arriva en Canda environ un an après M. de Quaylus : sa présence porta un coup décisif et mortel à l'influence que s'y était crée l'abbé de Loc-Dieu. Cet abbé laissa bientôt le Canada où il s'était compromis par ses doctrines ; mais il y revint quelques années plus tard en qualité de missionnaire avec l'agrément de Monseigneur. qui lui pardonna ses torts.

(*a*) Voyez Lettre XVII, consacrée toute entière à la Notice Biographique de M. de Quaylus.

CHAPITRE II.

ARRIVÉE DE MGR. DE LAVAL EN CANADA.—SON HABITATION À QUÉBEC.—ARRANGEMENS QU'IL PREND POUR LA DESSERTE DE L'ÉGLISE PAROISSIALE DE QUÉBEC.—IL ENTREPREND LA VISITE DU DIOCÈSE.—COMMERCE D'EAU DE VIE.—MESURES DE RÉPRESSION RENDUES INUTILES.—L'ÉVÊQUE DE PÉTRÉE PASSE EN FRANCE.—QUÉBEC ÉRIGÉE EN VILLE ÉPISCOPALE.—PROJET DE FONDATION D'UN SÉMINAIRE ÉPISCOPAL À QUÉBEC.—FONDATION DU SÉMINAIRE DES MISSIONS ÉTRANGÈRES À PARIS.—IL EST UNI À CELUI DE QUÉBEC.

C'est le jour de Pâques au soir, le 7 d'Avril 1659, que Mgr. l'Evêque de Pétrée quitta La Rochelle pour venir en Canada. Sa Grandeur était accompagnée de MM. Torcapel et Pélerin, prêtres, qui s'étaient dévoués aux travaux des missions, mais qui furent bientôt forcés de retourner en France par suite de maladies et d'infirmités contractées dans les pénibles missions de notre territoire Canadien (*a*). Le 16 mai, ils arrivèrent en vue de l'Isle de Pétrée (*b*) (dans le Golfe), puis enfin se rendirent à

(*a*) L'auteur de la Liste Chronolgique précitée est encore en défaut au sujet de ces messieurs (voyez Nos. 84 et 92), qu'il fait venir de France l'un après l'autre. Nous avouons que nous n'avons rien trouvé qui pût justifier son assertion. Cette erreur est è *pluribus unum*.

(*b*) On suppose que l'écrivain a voulu mettre Percés.—(*Note du Copiste*.

Québec le 16 juin. L'Evêque éprouvait une joie bien vive en abordant une terre où il devait trouver aliment à son zèle. Sa réputation d'homme de force et de caractère l'y avait précédé. On ne l'attendait pas sitôt : voilà ce qui explique pourquoi on ne lui fit pas une réception aussi pompeuse et aussi solennelle qu'il convenait à son rang, et aussi pourquoi on ne pût lui préparer des appartemens convenables chez les Jésuites dont les bâtimens étaient de beaucoup trop étroits ; cependant par des arrangemens temporaires, exécutés à la hâte, on y accueillit bien la demande que Sa Grandeur fit à ces Révérends Pères de prendre logement chez eux.

A son débarquement, le vénéré Prélat avait été reçu par M. le gouverneur, le Marquis d'Argenson *(a)*, qui le complimenta sur son heureuse arrivée dans la colonie Le peuple partageait les sentimens de joie du chef et se laissa aller à de grandes et de bruyantes démonstrations d'allégresse. Les prêtres qui fesaient cortége à Sa Grandeur, eurent aussi leur part à la convivialité des bons Québeccois. N'allons pas au delà sans faire connaître qu'outre Messieurs Torcapel et Pélerin qui étaient venus au Canada avec l'Evêque M. Henri de Bernières, neveu de l'intendant de

(a) Voyez Lettre X. " *M. Le Marquis d'Argenson.*"

Caën, dont il a été parlé plus haut, était aussi du convoi. Ce jeune Monsieur n'était alors que sous-diacre, et se préparait alors à recevoir la prêtrise des mains de son Evêque qui l'avait formé depuis longtemps aux fonctions et à la vie sacerdotales. Le rév. Père Jérôme Lallemand, qui était passé en France l'année précédente, et que l'Evêque, après son sacre, avait tiré du Collége de la Flèche dont il avait été appointé Recteur, revenait avec Sa Grandeur ajouter à la joie et à la réjouissance publiques.

L'Evêque, comme il vient d'être dit, se rendit à la maison des RR. PP. Jésuites (*a*), où il ne put toutefois demeurer que peu de temps, vû la petitesse du logis, puis alla prendre logement chez les Dames Hospitalières de l'Hôtel-Dieu qui s'étaient des premières soumises à son obédience. Il y passa trois mois, vivant très pauvrement et y fesant les fonctions de chapelain. Sa Grandeur demeura ensuite trois autres mois chez les Dames Ursulines qui lui avaient cédé quelques appartemens disponibles pour le moment ; mais, bientôt, Made. de la Peltrie lui procura un logement dans une de ses maisons qu'elle appropria, et que l'Evêque occupa seul pendant deux ans. A cette

(*a*) Sa Grandeur s'était retirée au Collége des Jésuites. Leur Chapelle servait d'église paroissiale. L'Evêque y officia pour la première fois le jour de la fête des apôtres St. Pierre et St. Paul, qui se célèbre le 29 juin.

époque, Monseigneur acheta une maison qui tombait en ruines, il la fit réparer passablement et y demeura jusqu'à ce qu'il eût bâti son Séminaire. Cette maison était sise près de l'église paroissiale et du cimetière qui l'avoisinait. On transporta le cimetière ailleurs lorsqu'on se décida à bâtir la maison presbytérale.

Pendant son séjour chez les Dames Hospitalières, l'Hôpital fut sans cesse encombré de malades que l'on y apportait de toutes parts. Ils étaient affectés de fièvres pestilentielles qu'avaient communiquées dans la ville les vaisseaux venus au printemps de 1659. L'hospice ne pouvait contenir le nombre de malades qui y affluait. Près de deux cents matelots et passagers venus sur les vaisseaux de cette année (1659) moururent tant sur mer qu'à l'hôpital. A bord du vaisseau qui portait le prélat huit ou dix hommes succombèrent à la contagion. L'Evêque trouva dans cette pénible occurrence aliment à son zèle.

Nous avons vu plus haut que les Dames Hospitalières de l'Hôtel-Dieu se soumirent de bon gré à l'obédience du nouveau pasteur qui devait régir le troupeau dont se composait la naissante église du Canada. Elles ne furent pas les seules qui se montrèrent dociles et respectueuses, les Dames Ursulines se décidèrent à lui envoyer pareillement protestation de respect et d'obéissance (*a*). Les RR. PP. Jésuites, de leur côté, lui remirent la cure de Québec et la desserte ou chapellanie de l'Hôtel-Dieu. Monseigneur en chargea deux des prêtres qu'il avait amenés avec lui. M. Ange De Mezerets fut chargé de remplir les fonctions curiales à l'Eglise paroissiale de Québec. Toutefois, reconnaissant des services rendus dans nos contrées par les membres de la Compagnie de Jésus, qui, pendant trente ans, s'étaient occupés continuellement à évangéliser les peuplades infidèles et à promouvoir les intérêts spirituels des colons français, notamment des citoyens de Québec qui avaient tant à se louer des effets de leur zèle, Sa Grandeur jugea juste et raisonnable d'obliger la paroisse de Québec à donner aux Jésuites une marque authentique et solennelle de sa reconnaissance. Elle ordonna donc que tous les ans, le premier de janvier, le clergé et le peuple de l'église paroissiale de Notre-Dame de Québec se rendissent processionnellement à l'office qui se fesait l'après-midi chez les Jésuites et qu'ils revinssent, dans le même ordre, à leur église paroissiale ; et que la même cérémonie s'observât de temps à autre dans l'année et qu'on invitât le peuple à grossir le cortége. Nous donnons ici presque textuellement le dispo-

(*a*) Voyez à ce sujet les *Lettres de la Mere de l'Incarnation*, 1ère Superieure des Ursulines.

sitif du mandement que Mgr. de Pétrée proclama à cet effet. (*Mandement du* 15 *janvier* 1660). Environ vingt ans plus tard, le chapître de la cathédrale ayant été chargé de la cure, continua, comme membre du séminaire dont il fesait partie, de se conformer aux injonctions de l'Evêque. Cette ordonnance de l'Evêque réglait aussi qu'à certain temps de l'année, les Pères Jésuites feraient office à l'église paroissiale ; mais vers 1728, le chapître offensé de ce que les révérends Pères ne voulaient plus se conformer aux dispositions du mandement en ce qui les concernait, supprima la procession : ce qui força l'Evêque qui occupait alors le siége de Québec (Mgr. Dosquet) de renouveler l'ordonnance rendue par Mgr. de Pétrée. Quoiqu'il en soit, elle tomba peu à peu en désuétude et environ quinze ou vingt ans après, je veux dire vers 1740, il n'en était plus mention (*a*).

Monseigneur de Laval s'occupa, dès son arrivée à Québec, à prendre connaissance des affaires locales, il chercha à se procurer tous les renseignemens possibles sur les hommes et les choses ; il mesura de suite l'étendue de sa charge, et considéra avec effroi ce qu'il fallait entreprendre, puis se mit à l'œuvre avec un courage qui fesait voir qu'il était sûr du succès,— bonté, patience, ton réservé, manières pré-

(*a*) Voyez Lettre XXXIV. Les Jésuites en Canada.

venantes, sensibilité exquise, affectueux abandon, voilà les vertus auxquelles il s'était appliqué et qui lui servirent lorsqu'il lui fallut conquérir des cœurs. Puis, au printemps, il voulut entreprendre de visiter par lui-même la chrétienté qu'il était appelé à régir. La première visite pastorale que fit Monseigneur de Laval dans son diocèse, commença au Saguenay et fut continuée jusqu'au Lac des Deux-Montagnes. Et quelle visite, Bon Dieu ! Quelles paroisses !...quelles églises ! !—De longs chemins déserts, tortueux, âpres et souvent périlleux, sans habitations, et qu'il fallait souvent parcourir à pied. Cependant notre courageux prélat ne se laissa vaincre par aucun obstacle. Il s'appliqua à connaître les places les plus avantageuses pour y asseoir des églises ; il suggérait aux populations pauvres, mais zélées, qu'il visitait, des expédiens pour réussir à construire ou à restaurer leurs chapelles ; le plus souvent il les aidait de ses deniers. Il voulut visiter les bornes que chaque paroisse s'était donnée, mais il ne jugea pas à propos de les fixer juridiquement ; il voulut reconnaître l'étendue de chaque desserte, de chaque mission ; il voulait tout voir par lui-même, tout rétablir, tout activer. Dans ces visites, il catéchisait, entendait les personnes qui recourraient à lui, s'efforçait de porter remède à tout, il n'épargnait rien pour redresser ce qui était désordonné, et c'était surtout dans ces circonstances que sa prédication se ressentait de son humilité et de sa tendre affection pour ses pauvres sauvages. On sait déjà que son talent était admirable de force, de puissance et d'onction, quand il dépeignait les maux qu'enfantait le vice. Sa belle âme aimait à s'épanouir lorsqu'il fesait entendre aux ames effrayées, les consolations que le Dieu des miséricordes réserve au pécheur qui revient à lui. Et ne comptez pas les fatiguès que causaient à notre Evêque ces pénibles excursions ; elles n'étaient rien pour un homme fait, dès les premières années de sa vie, à la pauvreté la plus absolue et qui se voulait accoutumer à supporter toutes les vicissitudes et les rigueurs de notre climat, qui s'était fait une habitude de voyager à la raquette pour porter secours aux malades, de ramer dans de fragiles canots. Il ne négligea jamais, malgré les affaires multipliées qui partageaient ses momens, de visiter chaque année quelque partie de son immense diocèse.—Et, quelque fût la stricte économie avec laquelle il se traitait, ses voyages l'induisaient en de grandes dépenses auxquelles il fesait face, soit parce qu'il fesait de larges aumônes dans le sein des pauvres colons qui venaient lui exposer leur misère et leur détresse, soit par les dons qu'il fesait à chaque chapelle ou mission.

Une grande partie des peines et des amertumes qu'éprouva ce vigilant pasteur dans le cours de son administration, fut causée par le zèle qu'il déploya en s'opposant au commerce de l'eau-de-vie. Infâme trafic, que les Français se permettaient avec les sauvages, qui fut si ruineux aux intérêts temporels et spirituels des barbares et des blancs à la fois ! Ce fut la cause de troubles longs et chagrinans entre le clergé qui, d'une part, s'opposait à cette traite ; et les gouverneurs et intendans, que l'amour du gain engageait, de l'autre, à la favoriser...... *auri sacra fames !*

Vous savez ce que peut l'ardente soif de l'or !

Quoique l'humanité tombée au plus bas dégré de l'avilissement, de l'abjection et de l'infamie ne puisse donner aux hommes un spectacle plus hideux que celui de l'ivrognerie, néanmoins, ce mal si repoussant, répétons-le, si hideux, des gouverneurs en apparence amis de la morale l'ont favorisé et se sont efforcés de faire prévaloir la prétendue nécessité de tolérer ce chancre de la société.

Avant l'arrivée de l'Evêque en ce pays, les missionnaires avaient déjà fait de vains efforts pour arrêter ce mal dont originait tant de maux. Ils avaient vivement désiré l'arrivée d'un Evêque, espérant qu'on serait plus docile à son autorité. L'Evêque, dans le principe, se se contenta d'instruire ses ouailles de la difficulté qu'ils apportaient à la conversion des sauvages infidèles et de la violation fréquente des lois de la morale dont ils étaient par là la cause. Enfin, après deux ou trois années employées à donner des avis, soit dans le particulier, soit par des mandemens publics ; après avoir vainement espéré le retour à de meilleures idées, le prélat sentant l'inefficacité de ses conseils et de ses monitions, émit un dernier mandement où il exposait combien il lui était pénible d'en venir à effectuer des mesures dont il avait déjà été forcé de faire la menace. Il fulmina peu après une sentence d'excommunication, encourrue par le fait, contre ceux qui vendaient des boissons enivrantes aux sauvages. Ceci se passait vers la fin de l'année 1660. L'année suivante, l'Evêque révoqua son mandement et suspendit l'excommunication ; mais il fut forcé de la remettre en vigueur et publia à cet effet un autre mandement en 1662 (*a*). Il la renouvella encore par ses Lettres-Pastorales (en 1667 et en 1669) contre l'ivrognerie, se réservant à lui seul l'absolution de la faute que commettaient ceux qui exerçaient cet infâme métier. Faut-il donc être forcé d'ajouter que les autorités temporelles, sous différens prétextes, paralysèrent les mesures

(*a*) Ce mandement est sagement motivé, comme on peut le voir à la fin des présentes pages.—Voyez Note (F).

que l'évêque mettait en œuvre pour réprimer ce honteux trafic ! Que de tracasseries n'eut-il pas à essuyer à ce sujet?...Que de troubles on lui suscita par rapport aux sages mesures qu'il avait adoptées et qui devaient produire de si grandes améliorations dans l'état moral du peuple et obvier à tant de malheurs!............ Le Gouverneur porta plainte à la Cour contre le zèle outré du prélat. L'Evêque incriminé se justifia en montrant combien était inique la conduite d'un chef civil qui, dans une colonie encore au berceau, favorise la cause de tant de crimes, l'usage des boissons fermentées. Le baron d'Avaugour fut rappelé ; mais de Mésy, son successeur, ami de l'illustre Evêque, ayant les mêmes intérêts que son prédécesseur à favoriser la traite de l'eau-de-vie, écouta les mauvais conseils que lui donna son entourage. L'Evêque, après en avoir plusieurs fois conféré avec lui, sentant l'inutilité de ses procédés, voulut tenter auprès de son ami une dernière démarche. Dans une lettre d'une nature toute paternelle et confidentielle, il le priait d'apporter la plus grande restriction aux permis ou licences qu'il donnait, de ne les accorder qu'à des personnes qui n'en abuseraient pas.... Il demandait que la conduite du Gouverneur appuyât les paroles de l'Evêque, qu'elle fût autorité pour ses discours et récompense de ses travaux. Le prélat s'efforçait de lui faire comprendre qu'il devait agir de manière à ne pas froisser son autorité épiscopale ni la compromettre ; que c'était peu connaître les intentions de son Souverain que de faire servir son nom à une cause si palpable de démoralisation parmi ses sujets ; qu'il fesait tomber dans le mépris public le gouvernement en déclarant qu'il fallait tolérer la traite pour subvenir aux dépenses ; qu'il décourageait le clergé en rendant ses efforts impuissans.........

Le gouverneur mal avisé, ne tint compte à son Evêque ni de ses conseils paternels ni de la manière courtoise et déférente avec laquelle il en avait agi. Il se détermina à rompre avec son ami, son protecteur ; il s'aigrit contre lui ; il le poursuivit à outrance. L'Evêque, quoique contristé, ne se plaignit pas ; mais toutes les bouches exhalaient en plaintes contre les basses menées du gouverneur. La Cour demanda des éclaircissemens au gouverneur et à l'Evêque, qui fut obligé d'exposer à son Roi la conduite de son représentant. On écouta les raisons du prélat, et M. de Tracy fut appointé pour succéder à M. de Mésy. Le nouveau gouverneur appuya l'Evêque, comme vous le verrez dans l'endroit auquel je vous réfère pour vous faire connaître tout ce qui a trait à cet infâme commerce. C'est la cent-dix-septième de mes lettres entièrement consacrée à l'Histoire de la Traite de l'eau-de-vie.

Ceux qui se sentiraient portés à taxer l'Evêque de rigorisme en cette affaire, n'ont qu'à lire, dans les mémoires du temps, la relation des milles et une scènes de lubricité, de viol, de carnage, auxquelles cet abus de liqueurs a donné lieu tant qu'il fut toléré parmi des nations barbares et misérables, qui avaient pour ces liquides une passion inextinguible. D'ailleurs, pour condamner un pareil personnage, il faudrait l'entendre, ou du moins ne le juger que sur son terrain. Je veux dire qu'on devrait se transporter au temps d'alors, puis voir si les circonstances où il se trouvait ne légitimaient pas suffisamment ses procédés. Il faudrait ne pas oublier à son appui que les ordres de la Cour, adressés à plusieurs gouverneurs et intendans, portaient de soutenir les réglemens de l'Evêque. On pourrait dire, en sus, que tous ses successeurs au siége épiscopal de Québec, non-seulement ne se sont pas permis de blâmer sa conduite, mais qu'ils ont maintenu d'une manière invariable les dispositions sages qu'avait arrêtées le digne Evêque de Pétrée ; et, par là ils ont justifié pleinement la ligne de conduite qu'il avait tracée (*a*).

Cependant l'intrépide et vigilant Evêque, qui présidait à l'église de la Nouvelle-France, ne s'y était rendu qu'en qualité de Vicaire-

(*a*) Voyez note (G,) à la fin de ce volume.

Apostolique, dans l'unique but, disait-il, de préparer les voies à un homme plus digne que lui de remplir ce poste. Il se convainquit de bonne heure qu'il fallait un Evêque dont le siége fût stable et permanent en ce pays, et que le chef-lieu de la colonie devait être érigé en Evêché. Il était d'ailleurs un peu pressé d'agir en ce sens par la Cour de France. Ce fut là un des motifs qui l'engagèrent à passer en Europe, en 1662. A ce motif, il s'en joignait d'autres plus puissans encore, car il se proposait de faire d'instantes représentations à la Cour pour obtenir un chapître ; de se plaindre des procédés du baron d'Avaugour à son égard, ou plutôt de se justifier des plaintes que le Gouverneur avait formulées contre lui ; de presser l'établissement d'un *Conseil Supérieur* ou Cour Souveraine ; de se faire autoriser à créer une officialité régulière : de faire adopter au Roi le plan qu'il avait conçu de bâtir un Séminaire ; puis enfin d'engager Louis XIV à lui voter des allocations suffisantes pour achever ses entreprises, ou à lui assurer une dotation dont le revenu annuel le pût mettre en état de subvenir aux dépenses qu'entraîneraient ces diverses institutions. Déterminé à mettre tous ces plans à exécution, Monseigneur voulait les faire agréer à son Souverain, et ne recula pas devant les dangers d'une navigation longue et difficile. Ayant appointé M. de Lauzon-Charni,

Vicaire-Général, avec charge d'administrer les affaires spirituelles de la colonie pendant son absence, ayant réglé toutes choses, Sa Grandeur s'embarqua, pour l'Europe, vers le milieu de l'été de 1662. Son nom, ses talens, son mérite surtout, le firent valoir à la Cour; il s'y fit beaucoup d'amis et de puissans protecteurs, et obtint ce qu'il voulut.

Louis XIV consentit volontiers à ériger Québec en Evêché, et voulut que l'Evêque de Pétrée en fût le premier titulaire. Il chargea l'ambassadeur de France à Rome, d'obtenir des Bulles en faveur du nouvel Evêque de Québec (voyez la note D, à la fin du volume), mais diverses raisons en retardèrent l'expédition. L'affaire fut définitivement réglée entre les puissances civile et canonique en 1670; ce ne fut toutefois que quatre ans après cette époque, que l'Evêque de Laval pût prendre le tître d'Evêque de Québec. Il n'avait pas non plus eu jusque là les deniers nécessaires pour acquitter les frais d'expédition et de transmission de ses Bulles. Il passa de nouveau en France, en 1672, et le roi se chargea d'en acquitter les frais. Deux ans après, c'est-à-dire le premier octobre 1674, le Pape Clément X, expédia la Bulle qui érigeait Québec en Evêché. Sa Sainteté s'y exprime ainsi lorsqu'elle veut désigner le territoire où l'Evêque de Québec aura jurisdiction............" Ipsi

futuro Quebecensi Episcopo civitatem prædictam pro ejus civitate et pro ejus Diœcesi terras, oppida et loca in prædictâ regione sub dominio temporali dicti Ludovici Regis ad præsentes existentia et pro futuro tempore nullius alterius episcopi jurisdictioni spirituali nunc subjecta juxtà terminos ab eodem Ludovico Rege designandos ac per Apostolicam Sedem prædictam approbandos, ac civitatis Quebecensis communitatem et homines ac terrarum, oppidorum, locorum ac regionis ejusmodi universitates et homines habitatores et incolas pro suo populo et diœcesanis eorum clericos pro suo clero concedimus ac assignamus ....
.... »

Pour ajouter encore aux libéralités dont il avait usé à l'endroit du vénérable Evêque de Québec, Sa Majesté qui lui avait donné en 1662, l'abbaye de Maubec (*a*), au Diocèse de

(*a*) L'abbaye de Maubec, en Berry, fut fondée en 532 par le Roi Dagobert, et son fils Clovis, *en l'honneur de la sainte Mère de Dieu, par reconnaissance des bienfaits signalés obtenus à la France par son intercession*....Le Roi Louis XIV s'exprime ainsi dans le brevet de donation en faveur de l'Evêque de Québec .... « ayant vu l'accroissement de la foi en Canada et reconnaissant que ce progrès est dû à la capacité, à la doctrine, aux vertus de l'Evêque de Pétrée, ...pour le soutien de sa dignité..... sur l'avis que l'abbaye de Maubec, de l'Ordre de S. Benoît au Diocèse de Bourges, était vacant par le décès de——Huctauld, dernier possesseur, en fait don à l'Evêque de Pétrée .... et nomme aussi le dit Evêque pour être pourvu de l'Evêché du Canada dès que le Pape y aura pourvu .....
.... »
Le dit brêvet est daté de S. Germain, le 14 décembre 1662, et est signé : LOUIS, et plus bas : PHELIPPEAUX.

Nos Seigneurs les Evêques de Québec ont continué de percevoir les

Bourges en Berry, à la charge de l'unir à l'Evêché de Québec, et le précuré de Chezelles (ces deux manses réunis lui apportèrent, année commune, environ deux cents livres du cours provincial actuel), lui fit donation de l'abbaye de l'Estrée au Diocèse d'Evreux (*a*). Elle fit, de plus, quelques donations pour le soutien des missions; puis exigea du nouvel Evêque de Québec, serment de fidélité que celui-ci ne prêta néanmoins que plus tard, le 23 avril 1675. Et cela parce que sa qualité de Vicaire-Apostolique l'empêchait de relever d'aucun prince en particulier.

revenus de cette abbaye jusqu'à ce qu'ils l'eurent annexée au chapître. En 1750, on s'apperçut que la dépense dans laquelle entraînait le maintien de ce bénéfice, à la desserte duquel il fallait pourvoir, était trop onéreuse, Mgr. P. H. Dosquet, alors ancien Evêque de Québec, proposa, par lettre du 26 mars 1750, à Mgr. l'Evêque titulaire de Québec, de Pontbriand, de renoncer à l'abbaye de Maubec et de s'en tenir à une pension sur les canonicats. L'opportunité de cette mesure fut longtemps discutée; mais nous croyons que ce plan fut réalisé peu après.

(*a*) Outre l'abbaye de Maubec, le 20 d'avril 1672, le Roi *informé de la capacité et des services de l'Evêque de Pétrée et des exemples de vertu qu'il donne au Canada . . . . . et désirant traiter favorablement le dit Evêque . . . fait expédier Brevet en sa faveur et ordonne d'en référer à Rome pour en obtenir la ratification* . . . . .par lequel, brevet (signé : LOUIS, contresigné PHELIPPEAUX, et reconnu par BIGOT,) il lui fait donation de l'abbaye de L'Estrée, de l'Ordre de Citeaux, paroisse de S. Muzy, au Diocèse d'Evreux. Cette abbaye offrait un revenu estimé à environ 6,000 livres ancien cours; mais l'église et le logement destiné à une communauté, l'état des fermes étaient vraîment pénibles et exigeaient des réparations et des améliorations qui, presqu'annuellement, absorbaient le revenu. Mgr. de Laval par convention faite amiablement à Paris, le 25 mai 1675, et signée : FRANÇOIS, Evêque de Québec, et BERTHELOT, secrétaire des commandemens de Mde. la Dauphine, s'engage à prendre soin des intérêts de Sieur Berthelot, Seigneur de l'Isle d'Orléans, à condition que le Sieur Berthelot donnera ses soins à la perception des revenus de l'Estrée. Il en surgit des désagrémens, des brouilleries qui, sur requête de l'Evêque, forcèrent le Roi à nommer un procureur ou économe à la dite abbaye le 28 mars 1676, en attendant que le Pape l'eût uni à l'Evêché de Québec.

Sa Grandeur prit toutes les mesures que la prudence lui suggéra pour effectuer la suppression de la traite de l'eau-de-vie. Elle consulta les plus savans docteurs de la Sorbonne, ainsi que les autres théologiens qui s'étaient faits un nom dans le temps et, sur leurs décisions, elle maintint les réglemens et les ordonnances qu'elle avait antérieurement jugés à propos de mettre en vigueur.

Dans ce même voyage, Monseigneur avait fortement agité la question urgente de l'établissement d'une Cour Souveraine à Québec. Le roi déféra aux demandes bien motivées du prélat, et en avril 1663, Sa Majesté signa l'édit qui crée, ordonne et établit un Conseil Souverain *qui se tiendra en la ville de Québec...... lequel aura pouvoir de connaître de toutes les causes civiles et criminelles pour les juger souverainement et en dernier ressort* (*a*). La charité du bon évêque le portait ainsi à s'intéresser à tout ce qui pouvait être avantageux au bonheur de ses ouailles.

Tout en s'occupant de tant d'affaires et de négociations d'une si haute importance, l'Evêque de Québec ne négligea pas un autre objet au succès duquel il attachait une bien grande considération. C'était l'autorisation

(*a*) Voyez Edits et ordonnances Royaux, tome 1.—La lettre XX. " Sur le Conseil Supérieur de Québec."———Cugnet, *Extraits des Régistres du Cons. Supr. et des Registres de l'Intendance* et alibi.

de construire un Séminaire Episcopal à Québec. Dès les premiers jours de janvier 1663, il fit des ouvertures au Roi à ce sujet, et présenta un mémoire y relatif. Il réussit à effectuer ses vues ; et le monarque ayant approuvé l'érection d'un pareil établissement, le 26 de mars 1663, Mgr. de Laval donna un Mandement (*a*) par lequel il annonçait aux fidèles de Paris et à ceux de Québec, auxquels il eût soin de le faire expédier, que le monarque approuvait l'œuvre qu'il avait eu en contemplation et qui se liait de si près à leurs intérêts spirituels. En effet, les lettres-patentes furent expédiées en bonne et due forme au mois d'avril suivant. Ay ant ainsi l'aide et le concours du chef de l'état, M. l'Evêque s'occupa à se pourvoir de quelques personnes sur lesquelles il pût compter pour la direction du Séminaire dont il hâtait l'établissement par tous les moyens.

Au commencement de cette esquisse de la vie du vertueux Evêque de Laval, nous avons parlé de pieuses réunions établies par le Révd. Père Bagot, Jésuite, au Collége de la Flèche (*b*);

(*a*) Voyez le mandement de Monseigneur l'Evêque de Québec, à la fin de ce livret.—H. et T.

(*b*) Les congrégations établies pour la récitation de l'office de la Ste. Vierge, sont des sociétés formées à l'instar de celle du Père Bagot. On en a établi ou érigé dans les Séminaires de ce pays, dans les villes de Québec et de Montréal, et dans quelques paroisses de ce Diocèse. Les premières congrégations proprement dites furent instituées à Rome vers l'an 1563, par le Père Léon, de la compagnie de Jésus. Le Père Bagot fit subir aux règles de l'association des on a dit que les Congréganistes de Paris montraient un zèle très ardent pour les missions du Nouveau-Monde. Le Père Alexandre Rhodes, de la Compagnie de Jésus, originaire d'Avignon, qui passa la plus grande partie de sa vie dans les missions de la Chine, et qui était regardé comme le plus laborieux missionnaire de son temps, étant venu à Paris chercher des ouvriers évangéliques, engagea les congréganistes à se réunir à la société de l'Hermitage de Caën dont il a été parlé plus haut, et qui a fourni tant de zélés missionnaires au Canada. Il arriva en effet que ses exhortations décidèrent les jeunes gens de la Flèche à se réunir et à se consacrer simultanément à l'œuvre des missions, voyez note (E,) à la fin du volume. M. De Meurs, l'un d'eux, fut un des plus ardens à chercher le moyen de perpétuer l'association dans laquelle, disait-on, se recruteraient par la suite leurs coopérateurs au travail des missions à l'étranger. Un Carme déchaussé (*a*) donna un emplacement et une maison qu'il possédait à Paris, rue du Bac, Faubourg St. Germain, où la communauté loge encore aujourd'hui, mais dans un corps de bâtiment beaucoup plus spacieux

modifications qui en mettaient l'exécution à la portée d'un plus grand nombre de personnes. La congrégation établie à Québec, le fut en décembre 1657, par les RR. PP. Jésuites.

(*a*) Dom Bernard de Ste. Thérèse, qui fut dans la suite Evêque de Babylone.

que le premier, et même de beaucoup trop vaste pour que les revenus de cette société lui permettent de l'entretenir ; ce qui oblige les directeurs de la maison d'y louer un grand nombre d'appartemens à des particuliers. La communauté naissante fut reconnue des autorités civile et ecclésiastique ; beaucoup de personnes riches la favorisèrent. Tels sont les commencemens du séminaire des Missions Etrangères. Les membres de cette institution employés à l'étranger, bâtirent des maisons sur ce plan, et gouvernées par le même réglement, dans leurs missions respectives, et Monseigneur de Laval suivit cet exemple au Canada, qu'il dota, comme nous l'avons déjà énoncé, du Séminaire des Missions Etrangères de Québec, qu'il affilia à celui de Paris, par ses lettres du 19 mai 1675 (*a*), qu'il signa à Paris en présence de MM. Barat, Fermanez, Gazil et Poitevin, directeurs de la maison de Paris qui firent aussi le même jour l'acte d'acceptation; enfin, par l'édit du mois d'avril 1676, le Roi approuva cette union (*b*). L'Evêque avait aussi associé au Séminaire de Québec, la maison des Jésuites du Canada, et celle de Saint-Sulpice de Montréal. L'acte d'aggrégation

(*a*) Voyez Edits et Ordonnances Royaux, T. II. P. 71—Choix de Lettres édifiantes, T. 1. avant-propos, PP. lii. et seq.

(*b*) Cette ordonnance du Roi Louis XIV, et le mandement de Mgr. de Laval, sont à la fin de ce livret, sous les lettres H. I. J.

se trouve dans les régistres de ces maisons respectives. Plus tard, lorsque Mgr. de Québec eût construit son séminaire et qu'il voulut terminer les négociations ouvertes à ce sujet, il fallut faire ratifier le tout par le consentement du Supérieur du Séminaire des Missions Etrangères à Paris, dont dépendait celui de Québec, et du chef de la Compagnie de S. Sulpice ; mais M. Tronson, Supérieur de S. Sulpice, ne voulut jamais accéder aux propositions de l'Evêque de Laval, et la chose demeura sans effet. Ce projet fut renouvellé en 1725 ; mais toutes tentatives pour le mener à exécution furent vaines.

CHAPITRE III.

RETOUR DE L'ÉVÊQUE À QUÉBEC.—SES SACRIFICES EN FAVEUR DE L'ÉDUCATION.—IL RESTAURE L'ÉGLISE PAROISSIALE DE QUÉBEC.—PREMIÈRE ORDINATION EN CANADA.—FONDATION D'UN COLLÈGE À QUÉBEC.—ÉTABLISSEMENT DE S. JOACHIM.—CURES UNIES AU SÉMINAIRE DE QUÉBEC.—MISSIONS CHEZ LES SAUVAGES.—VOYAGE EN FRANCE POUR LES AFFAIRES DU DIOCÈSE.

Cependant l'Evêque de Pétrée qui avait pressé de tout son pouvoir l'expédition de ses affaires afin de revenir joindre son troupeau et de le faire participer à la joie qu'il ressentait de voir la belle issue de toutes les négociations qu'il avait entamées, réussit à en terminer avec les affaires de bon printemps; puis, Sa Grandeur quitta la France aux fêtes de la Pentecôte, le 19 mai, 1663, accompagné de son ami, M. de Mésy, qui venait, avec la commission de Gouverneur, remplacer M. le Baron d'Avaugour, de M. Gaudet, nommé commissaire du Roi, et intendant, de MM. de Mezerets, Paulmiers et Rafeix (*a*), ce dernier

(*a*) Nous empruntons ces renseignemens à M. l'Abbé de la Tour, doyen des chanoines de Montauban qui a écrit des Notes intéressantes sur la vie et les voyages de l'Evêque de Laval dont il fut le secrétaire. Nous citons ici pour ne pas laisser douter que nous contredisons legèrement le rédacteur de la "Liste Chronologique des Prêtres," qui fait venir ces messieurs plus tard en Canada.—Voyez Nos. 115 et 116.—*Note du Copiste.*

était Jésuite. Quelques compagnies d'hommes de troupe étaient aussi du convoi et cent familles envoyées pour coloniser le pays. Pendant la traversée, le scorbut enleva soixante personnes. M. de Mezerets vint à l'extrémité. Quoique l'Evêque eût beaucoup à souffrir du mal de mer, il ne laissa pas un moment d'exercer le zèle apostolique dont il était animé, Il se montra charitable envers tous. Pour ce qui est de M. Paulmiers, étant sur un autre vaisseau que celui qui portait l'Evêque, il passa par Plaisance (dans l'isle de Terre-Neuve) où il trouva un grand nombre de français et autres abandonnés, leur prêtre et le commandant du poste ayant été massacrés. Il passa l'hiver avec eux et ne revint à Québec qu'un an après. Soit dit en passant, dit M. de la Tour, ce M. Paulmiers se piquait de peinture et fesait beaucoup de tableaux que personne ne goûtait ; ce qui le mortifiait. Il eût voulu repasser en France la même année ; mais on réussit à le garder. Il fut employé aux missions les plus rapprochées de Québec où il réussit.

Au commencement de septembre, Monseigneur arriva à Québec ; il fut reçu au bruit des cloches et du canon. Ce n'était pas le 28, comme l'ont avancé quelques annotateurs, puisque Sa Grandeur était porteur des Lettres-Patentes et de l'Ordonnance qui érigeait le

Conseil Supérieur. Ces pièces furent enrégistrées à Québec le 18e jour de septembre 1663. (Voyez à cet effet vol. A, fol. 1. R. des Régistres du Conseil Supérieur.)

Un des premiers actes publics et solennels que pratiqua l'Evêque à son arrivée à Québec, fut d'établir une Officialité. C'était un tribunal ou cour ecclésiastique où l'on jugeait les causes de ceux qui y avaient recours d'après les canons de l'Eglise et les réglemens du Diocèse. M. de Lauzon, qui était à Québec quelques années avant l'arrivée de l'Evêque, en fut appointé Official, M. Torcapel fut nommé Promoteur. Faute de moyens, Monseigneur ne put continuer cet établissement dont le maintien était trop dispendieux, et personne, que nous sachions, ne revêtit, après M. de Lauzon, le titre d'Official.

L'Evêque, à son retour au sein de son cher troupeau, s'occupa activement à hâter les mesures qu'il avait prises pour favoriser toutes les classes qui le composaient. Il s'était surtout appliqué à donner à l'enfance les moyens de s'instruire. C'est dans ce but qu'il avait encouragé la vénérable Marguerite Bourgeois, à fonder à Montréal son établissement des Sœurs de la Congrégation de Notre-Dame qu'il avait favorisée ; et c'est aussi à cet effet qu'il avait multiplié les petites écoles pour les enfans des deux sexes dans les villes et les campagnes. Il aurait voulu, en se chargeant de l'éducation de la jeunesse, lui donner un goût décidé pour le bien, persuadé que cette disposition bien nourrie et bien entretenue la rendrait plus docile et qu'il serait plus facile de l'éloigner des désordres qui souillaient la colonie. Il en avait arrêté le projet plusieurs années auparavant. Il l'avait fait agréer au roi, et pour le réaliser il avait recueilli quelqu'argent à Paris. Grâce à la vie austère qu'il menait, et à la stricte économie qui présidait à l'entretien de sa maison, il se trouvait en moyen de commencer l'œuvre qui lui était si chère. Et s'il est une œuvre qui ait mérité à Mgr. de Laval l'estime et la reconnaissance de ses concitoyens, c'est la fondation du Séminaire et du Collége de Québec qui lui acquièrent un véritable tître à l'immortalité. Il s'imposa bien des sacrifices pour élever cette institution ; il supporta bien des troubles qu'il eût pu s'épargner s'il n'eût été mû que par le désir de mener une vie tranquille, mais il voulait, à tout prix, construire une maison où les jeunes gens de ce pays pussent recevoir une éducation soignée et se former sous des hommes vertueux. Pour réussir toutefois à édifier cette maison, il fut obligé de se défaire d'un fief considérable qu'il possédait dans l'Isle d'Orléans. Après tant de sacrifices pour subvenir aux frais de la construction de son Séminaire, il eut la douleur de le voir brûler tout entier, comme nous le verrons plus tard, et ce à deux reprises différentes. Outre le petit terrain qu'avait déjà l'Evêque auprès de l'église paroissiale, il acheta avec le concours des prêtres du Séminaire des Missions Etrangères à Paris un grand terrain moyennant la somme de 8,000 livres. Les dépenses de la première bâtisse s'élévèrent à environ six mille livres qui lui avaient été données pour bâtir un presbytère. En les employant ainsi contre leur destination, l'Evêque se chargeait à perpétuité de loger le Curé au Séminaire ou de lui procurer un logement à ses frais si les circonstances changeaient. Il vaut la peine de remarquer que cette première construction n'était faite qu'en bois enduit de crépit (colombage) et exécutée à la hâte, en attendant qu'il pût construire en pierre. Ce ne fut qu'au mois de mai de l'année 1678, qu'il pût jetter les fondemens du nouvel édifice en pierre.

N'anticipons pas; suivons autant que possible l'ordre chronologique dans la classification des faits et des œuvres de l'infatigable prélat. Presqu'immédiatement après son arrivée d'Europe en 1663, l'Evêque s'occupa de restaurer l'église paroissiale de Québec; il l'érigea en Cure le 15 septembre 1664, et en même temps, et par le même décret, il l'unit au

Séminaire des Missions Etrangères de Paris, afin de procurer à la ville de Québec des prêtres de France pour la desservir, puisqu'il n'y avait aucun prêtre du pays. L'Evêque s'occupa si bien d'allonger et d'améliorer l'église paroissiale qu'elle se trouva en état d'être bénite le deuxième dimanche de juillet, le onze du même mois, l'année 1666, qu'il en fit la dédicace solennelle sous le vocable de *l'Immaculée Conception de Marie* (*a*). Elle avait été auparavant dédiée à Dieu sous l'invocation de *Notre-Dame de la Paix.* L'église des Jésuites avait pendant quelque temps servi d'église parossiale.

Une autre cérémonie et des plus imposantes, eut lieu cette année. Ce fut la translation solennelle qui fut faite des reliques des SS. Flavien et Félicité, martyrs, que le Souverain Pontife avait envoyées à l'Evêque de Pétrée, et qu'il avait laissées jusqu'alors en dépôt dans l'église des Pères Jésuites. Quarante-sept Ecclésiastiques étaient réunis à Québec pour cette procession. Elle visita les quatre églises de la ville, celle des Dames Ursulines, celle des RR. PP. Jésuites, celle des Dames de l'Hôtel-Dieu et l'église paroissiale. Sa Gran-

(*a*) Le Révd. Père Ragueneau, dans la vie de la Sœur Catherine de S. Augustin, dit que cette cérémonie se fit le 18 de juillet, et non le second dimanche. D'autres mémoires portent que cette cérémonie se fit le second jour du dit mois..... Qu'en croire? ... voyez N. R, à la fin du volume.—(*Note du copiste.*)

deur fit cadeau à chacune de ces maisons d'une portion des précieuses reliques. Quelques portions de ces reliques ont péri dans les incendies qui ont détruit tour à tour les églises qui en avaient été enrichies. L'Eglise cathédrale de Québec en possède encore une notable partie. M. le vice-roi de Tracy, M. l'Intendant de Courcelles, avec deux autres magistrats des plus gradués, portaient le dais. Les dignitaires ecclésiastiques portaient les châsses sur des brancards élégamment ornés, et l'Evêque, en habits pontificaux, fermait la marche.

L'Evêque en s'occupant d'orner et même de multiplier le nombre des édifices religieux, ne négligeait non plus aucun moyen de grossir la milice du sanctuaire. Il avait placé déjà différens enfans des familles françaises chez quelques curés du voisinage de la ville ; il eut à conférer le sacerdoce à quelques jeunes lévites qui avaiet été initiés aux sciences divines dans les Universités de France. Ce fut un jour de grande réjouissance dans Québec, et un jour qui fit longtemps époque, que le 15 d'août 1659, que Sa Grandeur promut, à l'ordre sacré de prêtrise, Messire François Dalet, venu diacre en ce pays en qualité de secrétraire de M. l'abbé de Quaylus, appartenant à la maison de S. Sulpice de Montréal, et qui fut bientôt forcé de repasser en France, ayant absolument ruiné sa santé au travail des missions du Canada. La même cérémonie de l'ordination d'un prêtre s'était répétée, à Québec, le 13 de mars 1660, que M. Henri de Bernières, dont il a été parlé plus haut, fut admis à recevoir l'imposition des mains. Quelques années après, il fut nommé curé de Québec, et occupa ce poste d'une manière vraiment distinguée (*a*). Cinq ans plus tard, Mgr. eut encore la joie d'investir de la sublime dignité de prêtre, Messire Germain Morin, qui remplissait, auprès de Sa Grandeur, les fonctions de secrétaire ; mais la sainte jouissance qu'éprouvait le pontife à conférer les saints ordres à ces Messieurs venus d'Europe, fut grandement surpassée le 14 de mars 1671, lorsqu'il eut la satisfaction et la consolation d'ordonner le premier enfant du sol qui se consacrait au travail de la vigne du Seigneur. Messire Charles-Amados-Martin, fut le premier canadien promu au sacerdoce. Il avait presque constamment étudié chez quelques messieurs du Clergé de Québec ; après son ordination, ce monsieur fut attaché au séminaire de Québec. Ces cérémonies si rares et si édifiantes étaient annoncées au prône de l'église paroissiale dès longtemps d'avance. On y annonçait aussi les sépultures des ecclésiastiques et les vêtures

(*a*) M. H. de Bernières est mort à Québec le 5 de décembre, 1700.—Il était à cette époque Supérieur du Séminaire de Québec.

des religieuses, ce qui depuis longtemps est tombé en désuétude.

Tout ceci alimentait le zèle du pieux prélat et lui fesait regretter que l'état de son Séminaire ne lui permît pas de recevoir des aspirans au sacerdoce, car le séminaire n'était alors qu'un corps ou communauté de prêtres, qui préparait aux missions ceux qui y étaient destinés ; mais on conçoit qu'il n'y avait pas d'étudians en théologie. Enfin ne pouvant plus différer cette entreprise, il s'en occupa sérieusement en 1678, et fit pour asseoir la nouvelle bâtisse qu'il projettait acquisition de terrains considérables, qui depuis sont restés à cette maison. En divers temps, il acquit divers lots de terre qui lui formèrent bientôt une étendue de seize arpens en superficie et qui joignait à ce que possédait la fabrique. C'est l'emplacement qu'occupe actuellement le vaste séminaire et les bâtimens qui en dépendent ainsi que le jardin, la chapelle. Soit dit en passant, il y avait une rue qui séparait le terrain du séminaire de celui de l'église paroissiale ; MM. de Courcelles et Talon, intendans, voulurent garder cet espace au public, mais l'évêque fit observer que le public ne pouvait avoir droit à un terrain qu'on lui vendait et auquel le public n'aurait plus affaire dès que le propriétaire l'aurait employé aux constructions jugées convenables. M. le vice-roi de Tracy jugea en faveur de l'Evêque lorsque la décision de la chose lui fut référée. Plus tard, M. le comte de Frontenac tenta vainement de faire rescinder la décision de M. de Tracy—la Cour la maintint.

Après avoir fait déblayer son nouveau terrain, et tout préparé pour la construction de son Séminaire, Monseigneur de Laval en posa la première pierre, le lundi de la seconde semaine après Pâques, en 1678 (c'est-à-dire le quatorze du mois d'avril), avec toute la solennité possible, et le dédia à Dieu sous l'invocation de la Sainte-Famille. Il voulut que cette maison fut assez spacieuse pour donner logement convenable à cent personnes. Cette première construction n'était que la partie du Séminaire destinée au logement des prêtres qui desservaient la cure et paroisse de Québec et aux Ecclésiastiques clercs qu'on y admettrait pour les former aux sciences théologiques. Après avoir pris délibération avec son clergé, l'Evêque trouva plus expédient qu'on y suivit le bréviaire, le missel et le cérémonial romain dans les célébrations et cérémonies religieuses, répudiant par là les usages et coutumes que les différens prêtres de la colonie avaient apportés de leur diocèse respectif. Les jeunes enfans recevaient une éducation élémentaire chez les RR. PP. Jésuites qui tenaient des classes réglées dans leur maison, et ces enfans se retiraient le reste du temps au séminaire. Ceci préparait les voies à un nouvel arrangement que l'Evêque se disposait à exécuter. Cinq ans plus tard, en effet, il fonda le Petit-Séminaire ou Collége de Québec, où l'on devait enseigner aux enfans des Français et des Sauvages, qu'on y admettrait, les élémens des langues française et latine.

Cependant diverses causes vinrent entraver ses desseins ; le projet souffrit des délais, mais l'exécution n'en fut pas mise de côté pour tout cela. L'Evêque avait été empêché jusqu'alors d'ouvrir à la jeunesse le portique du modeste asyle, où il voulait qu'ils fussent initiés aux sciences, et ce ne fut que le 8 octobre 1688, jour de la fête de S. Denis, que Sa Grandeur eut la consolation d'y admettre plus de soixante enfans portant tous capot bleu et la ceinture ; habit décent et modeste, uniforme respectable, que donna l'Evêque à ces jeunes enfans pour leur rappeler, et à tous ceux qui devaient le revêtir plus tard, la modestie qu'on attend de leur âge et pour éloigner d'eux le goût du luxe et de la parure qui bien des fois effacent dans un enfant les grâces dont la nature a voulu l'embellir. Cet uniforme rappelle constammant à ceux qui le revêtent, l'éloignement des vanités et des frivolités contre lesquels on a tant de soin de les prémunir en cette maison. La vue de cet habit, nous reporte à des reminiscences bien douces et bien agréables. Il est connu par tout le pays comme celui d'un enfant qui est destiné au service des autels et on le respecte comme tel. Tous ces jeunes gens que l'Evêque avait admis dans son Séminaire, étaient en effet reçus à servir au chœur de la cathédrale. Ils y fesaient les rôles de choristes et de servans, vêtus de soutanes rouges et de camails rouges en hiver, avec le surplis ordinaire. Les sauvages qu'on avait reçus dans cet établissement au nombre de quatorze, à la demande de M. l'intendant Talon, et qu'on tenta de rendre studieux et appliqués, pour en faire plus tard des missionnaires, conservèrent toujours leur penchant pour la vie libre et nomade ; on ne put jamais leur inspirer assez de constance pour les déterminer à persévérer, ni les dresser à quoique ce soit du saint ministère. On doit ajouter que ce mélange d'enfans de sauvages et de français n'eut aucun bon succès pour les sauvages, non plus que pour les autres, comme il est aisé de s'en convaincre en recourant à la légende sur le Séminaire de Québec (*a*).

Monseigneur établit encore un autre Collége à S. Joachim, côte de Beaupré, à l'endroit

(*a*) Voyez Lettre XXXIX.—"Le Séminaire de Québec". Déjà on a recueilli presque tous les matériaux pour présenter au moins un croquis d'histoire de cette intéressante maison ; mais le peu de documens authentiques que nous possédons sur ce précieux établissement, nous force de retarder à nous occuper de la rédaction de nos notes trop difficiles à réunir pour être présentées sous un jour agréable.

appelé *la petite ferme*, dans le jardin de laquelle on voit encore les ruines de cet édifice. On instruisait dans cet établissement les enfans des paysans, on leur montrait des métiers, la lecture et l'écriture; puis, lorsqu'on découvrait en eux quelque aptitude aux sciences, on les fesait passer au Séminaire de Québec.

Nous sommes arrivés à l'époque la plus critique de la vie du vénérable évêque, et celle qu'il m'est le plus difficile de vous traiter avec lucidité, puisqu'il me faudrait être pourvu de notions du droit canonique pour m'en tirer de manière à vous être profitable. Voici qu'il s'agit pour lui d'établir des curés, de former des paroisses et d'en ériger d'autres canoniquement, de là créer des droits honorifiques en faveur de ceux qui sont patrons de ces paroisses, de supprimer des abus que la rivalité de quelques maisons ou familles jalouses ont créés ou introduits dans les églises, s'en disant patrons, seigneurs ou donateurs. Il s'agit de régler la desserte des communautés religieuses, qui n'ont été desservies jusqu'ici en quelque sorte que provisoirement, de pourvoir au maintien des règles et des observances canoniques, de maintenir l'union et la concorde entre les membres de deux ou trois maisons rivales, jalouses de leurs priviléges, et peut-être trop portées à faire valoir une prééminence dont chacune se targue sous un titre ou sous un autre et qu'elles se contestent parfois avec aigreur. Cependant nous voyons dans ce conflit le digne pontife conserver son sang-froid, les régir avec gravité et dignité, agir en tout temps avec une patience imperturbable, déployer un zèle prudent et toujours actif, rendre justice à tous, en un mot constamment occupé à applanir toutes les difficultés, et à surmonter tous les obstacles qu'on oppose à ce que son zèle lui fait entreprendre pour la gloire de Dieu et le bonheur de ses frères (*a*).

Les réglemens du Séminaire de Québec furent les mêmes que ceux adoptés par la maison de Paris. Tous les membres du clergé canadien étaient aussi membres du Séminaire, et tous les biens de chaque membre en particulier étaient possédés en communauté. Lors de la fondation du Séminaire, Monseigneur avait désiré que les directeurs de la maison retirassent toutes dîmes dont le produit devait être employé au soutien de son Séminaire, et des prêtres missionnaires ou curés (*b*), et que tous les curés ou missionnaires employés à la desserte des missions ou cures auraient été propriétaires en commun des biens du Séminaire, qui aurait été chargé de

(*a*) Vous comprenez aisément qu'il est plus expédient de recourir aux lettres qui traitent ces différens sujets. Voyez donc la lettre XXX : *L'établissement des Récollets en Canada.*—La lettre XXXIV. *Les Jésuites.*—Lettre CXXXIII, *sur les droits honorifiques.*

(*b*) Voyez le mandement de Mgr. de Laval, du 26 mars, 1663.

pourvoir à leur subsistance en santé et en maladie ; et qu'ils se seraient trouvés chez eux dès qu'ils auraient été rendus au Séminaire. Cependant quelques curés avaient préféré ne pas être incorporés à cette maison ; on les laissa libres. L'Evêque fut obligé de faire des acquisitions pour subvenir à ces besoins ; il reçut des donations. Mais le Séminaire des missions étrangères à Paris ne voulut jamais s'affranchir de cette loi, ni se départir de ses premiers engagemens ; il ne fit jamais d'acquisitions et ne souffrit pas qu'un seul de ses membres eût quoique ce soit en propriété exclusive. Il ne faut pas croire, pour tout cela, que l'Evêque de Québec, en laissant à ses curés le droit de s'aggréger au séminaire ou non, ait agi par caprice ; non ! Le roi, qu'il avait consulté à ce sujet, lui avait répondu dès 1669, que le séminaire serait chargé de l'entretien des prêtres même malades ; mais que pour la commodité du clergé, il devait être loisible à ses membres d'être indépendans du séminaire épiscopal, et qu'à cet effet, il pourrait laisser des prêtres attachés à des cures, qui ne relèveraient pas du séminaire, qu'ils pouvaient même être curés inamovibles et, qu'à cet effet, il fallait ériger des paroisses en cures.

Ces suggestions dans certains esprits furent considérées comme des commandemens. Quelques membres du clergé croyant leurs droits lézés, voulurent se fixer à perpétuité dans une cure, et prétendirent que c'était l'intention du roi qu'il en fut ainsi : d'autres, au contraire, alléguèrent que ce système, mis à exécution, serait peut-être plus avantageux aux intérêts temporels du clergé, mais qu'il était peu utile à l'avancement spirituel des peuples. Ceci força l'Evêque de s'engager avec la cour dans une longue correspondance, qui existe encore quoique manuscrite. Chaque système de fixité ou d'amovibilité des curés a ses avantages et ses inconvéniens. L'Evêque de Laval, qui prévoyait le tout, objecta toujours et ne put consentir à ce que tous les curés fussent inamovibles. Dès lors la conduite de la Cour fut ambigüe, quelquefois ordonnant en un sens, tantôt dans un autre opposé, et, le plus souvent, fermant les yeux sur l'inexécution de ses ordres, laissant à la discrétion de l'Evêque de suivre ce que sa prudence et son zèle le porteraient à régler pour l'avantage de ses ouailles. Plus tard elle prit le parti d'appuyer l'Evêque, qui était déterminé et résolu de ne pas fixer les curés. Quelques-uns citent des édits contraires et des ordonnances qui règlent définitivement la mesure ; mais laissons à qui de droit d'en démêler.—Seulement contentons-nous d'observer que le système d'amovibilité est encore suivi comme le plus avantageux au bien des peuples. Voyez ailleurs, si vous désirerez de plus amples notions sur cette matière (*a*).

On a vu que l'Evêque de Québec, de concert avec la Cour de France, avait résolu d'affecter la dîme recueillie à l'entretien du séminaire; mais il faut ajouter qu'il eut de longs démêlés avec les autorités de France et celles de ce pays, au sujet de la quotité et de la qualité du grain que chaque paroissien devait payer au séminaire pour sa subsistance ou pour l'entretien du pasteur. Vous pourrez, pour de plus amples détails, lire la lettre 152e que je vous ai transmise; elle est entièrement consacrée à ce sujet "Les dimes en Canada." Vous y rencontrerez encore des preuves multiples du désintéressement du prélat.

Une autre source de troubles non moins féconde, fut l'union de la cure de Québec au séminaire. J'aurai occasion de vous en parler ailleurs. Quoique les contestations que le séminaire, le chapître et l'Evêque eurent à souteuir entre eux ou contre la cour de France, ou contre les possesseurs de la cure de Québec (*b*), nous fournissent des preuves de la patience, de l'habilité, du savoir et de la délicatesse de conscience de notre premier Evêque, je m'abstiendrai d'en parler en cet endroit,

(*a*) Voyez lettre 149e, *Etablissement des Curés en Canada*, et lettre 152e, *Sur les dixmes en Canada.*

(*b*) Voyez lettre 50e, *la Cure et paroisse de Québec.*—Lettre 149e, *les Cures et Curés en Canada.*

j'aime mieux vous référer à d'autres documens, vû que pour vous donner une connaissance exacte de tout ce qui s'y rattache, il faudrait entrer dans de trop longs détails qui seraient ici des hors d'œuvre. Je tirerai pareillement un voile complaisant sur le mauvais temps et les contrariétés qu'il eut à souffrir de la part des RR. PP. Récollets qu'impolitiquement, peut-être, on envoya au Canada, et qui, ne vivant que d'aumônes, étaient à charge à une population déjà pauvre par elle-même. Je me réserve toutefois de revenir sur ce sujet en son temps (*a*). J'ajoute seulement ici que ces différentes communautés, gouvernées par des règles différentes, gênent la marche uniforme que doit suivre le supérieur préposé à l'administration d'une colonie naissante, parce que chaque corps demande des exceptions, des priviléges, qui tôt ou tard défigurent l'ensemble ou affoiblissent la discipline, et créent des difficultés et des embarras qui, avec le temps, se compliquent et deviennent parfois inextricables.

Hâtons-nous de dire quelque chose de ce que fit le courageux évêque en faveur des hordes sauvages qui peuplaient l'intérieur. Désireux de leur procurer les bienfaits de la civilisation, qu'amène après elle la religion, ce

(*a*) Lettre XXX, contenant l'Histoire de l'établissement des Récollets en Canada.

vrai philantrope dut se hâter de leur faire connaître les enseignemens du christianisme. Aussitôt après son arrivée sur les plages du Canada, après avoir visité toutes les parties de son immense diocèse qu'il lui fut possible de voir, après avoir pris tous les renseignemens les plus exacts sur les contrées les plus reculées, il dispersa les prêtres soit réguliers, soit séculiers, qu'il avait à sa disposition, dans les différens endroits du vaste territoire qu'il avait à surveiller. Il n'avait qu'environ vingt-cinq ou trente prêtres à envoyer ainsi dans les missions et dans les paroisses; car à son arrivée en ce pays, Mgr. de Pétrée ne trouva que cinq ou six prêtres séculiers et environ trente pères Jésuites, ce qui composait tout son clergé. Ajoutons-y, néanmoins, une dizaine de prêtres de la compagnie de S. Sulpice qui desservaient la population établie dans l'Isle de Montréal, et qui, en outre, étaient chargés des missions adjacentes. Il accorda un missionnaire (le Père Menard) aux Outaouais, qui le traitèrent bien brutalement. Plus tard, ce fervent missionnaire périt de faim dans la forêts, après avoir pendant dix-huit mois, gémi sur l'aveuglement de ces barbares. On peut dire que ces prêtres courageux, obéissans à la voix de leur chef qui les envoyait porter le flambeau de la foi dans ces régions presqu'inhabitables, firent la découverte des pays qu'ils parcouraient. Pendant que fidèle aux injonctions de son Evêque, le Père Menard se rendait chez les Outaouais pour y commencer une mission ingrate et périlleuse, un autre entreprit de visiter les côtes du Labrador, habitées par les Esquimeaux, nation intraitable et insociable. D'autres pénetrèrent jusqu'à la Baie d'Hudson; mais bientôt on s'aperçut que ce pays était trop éloigné et d'un trop difficile accès pour qu'on pût y entretenir des missionnaires, et avoir avec eux les relations que nécessite l'œuvre à laquelle ils se sont dévoués. Il me serait difficile de dire en ce moment jusqu'à quel point les indigènes de ces quartiers se sont humanisés. Le Père Lallemand se rendait en même temps chez les Sioux, que le hasard avait fait découvrir, pendant qu'un autre confessait la vraie foi chez les Abénakis répandus dans l'Acadie, depuis le golfe S. Laurent jusque dans ce vaste territoire qu'on nomme maintenant le *Nouveau-Brunswick*. Les Crucientaux qui occupaient une partie des terres de Gaspé, les Tadoussacouans qui vivaient le long du Saguenay, ne furent pas non plus délaissés...... Et combien d'autres missions il fit ouvrir? Combien d'autres il en a entretenu?... Car l'Evêque avait en outre à tenir correspondance avec tous ses missionnaires, à soutenir leur ferveur et leur constance, à subvenir à tous leurs besoins et à ceux de leurs églises, à alimenter chez le missionnaire et les néophites, un zèle qu'auraient pu refroidir des obstacles toujours renaissans, et des contrariétés incessantes. S'occuper à former de nouvelles chrétientés, pourvoir à celles déjà formées, maintenir les bonnes mœurs chez les colons, préserver les nouveaux chrétiens de la démoralisation des Français, faire naître dans les cœurs de ces barbares le goût de la vertu, voilà la tâche qui absorbait tous les momens de l'Evêque, voilà aussi la tâche dont il sût s'acquitter au parfait et avec un zèle infatigable.

CHAPITRE IV.

MGR. DE LAVAL PASSE EN FRANCE POUR DEMANDER UN SUCCESSEUR.—RETOUR DE L'ÉVÊQUE.—PREMIER JUBILÉ EN CANADA.—CRÉATION DU CHAPITRE DE LA CATHÉDRALE.—DÉMISSION DE L'ÉVÊQUE DE QUÉBEC.—NOMINATION DE MONSEIGNEUR DE S. VALIER.—ARRIVÉE DES DEUX EVÊQUES EN CANADA.—INCENDIES DU SÉMINAIRE DE QUÉBEC.—DERNIER MOMENT DE L'ÉVÊQUE DE LAVAL.—SA MORT.—SES OBSÈQUES.

A travers tant d'objets qui partageaiant sans cesse l'attention du vigilant Evêque, au milieu de tant de sollicitudes, il avait été obligé de faire en 1674, un voyage en France. Il y prolongea son séjour au-delà d'un an. C'est dans ce voyage qu'il reçut la Bulle du Pape Clément X, qui érigeait Québec en Evêché. Cette érection que le Roi de France, Louis-le-Grand, sollicitait depuis longtemps, fut confirmée par les lettres-patentes de 1697, enrégistrées au Grand Conseil, et par d'autres lettres-royales émanées en 1713, et enrégistrées au conseil supérieur de Québec, le 10 juillet 1714.

L'actif prélat s'occupa en Europe à ménager à la colonie des protecteurs et des amis, et à obtenir des autorités tout ce qui pouvait concourir à la stabilité des institutions qu'il avait fondées en faveur du Canada. M. Henri de Bernières, vicaire-général du diocèse, était alors Grand-Archidiacre de la cathédrale, et l'Evêque lui avait confié le gouvernement spirituel du diocèse pendant son absence. Monseigneur revint après avoir été pendant environ dix-neuf mois séparé de ses chers diocésains. Son arrivée causa beaucoup de joie aux fidèles de la ville épiscopale. Son entrée y fut un véritable triomphe, mais de ces triomphes tout pacifiques dont l'amour et le respect font tous les frais, sans qu'aucun sentiment de douleur en trouble la douce allégresse. L'Evêque se rendit jusqu'au Séminaire, escorté de son clergé et des fidèles accourrus, empressés d'offrir leurs félicitations et marques de respect au pontife qui leur était si cher. Un vif sentiment religieux et une joie marquée interprétait bien l'entousiasme du peuple auquel l'Evêque adressa quelques mots tout empreints de l'affection qui l'animait pour son cher troupeau. Au retour de ce voyage long, fatigant et pénible pour l'Evêque, il croyait avoir traversé les mers pour la dernière fois. Quoiqu'il eut pris la résolution de ne plus visiter l'Ancien Monde, on le voit cependant neuf ans plus tard forcé par les circonstances de quitter de nouveau sa patrie adoptive et s'exposer encore à traverser les mers. Son âge avancé et les idées qu'il suggère le fesaient penser à affermir ce qu'il avait commencé. Sous ces circonstances, il se décida à faire une visite générale de son diocèse, dans le but de donner à ses chers Canadiens ses derniers avis. On sait que ses affaires toujours multipliées et ses infirmités toujours croissantes ne lui parurent jamais des motifs suffisans de se dispenser de ce devoir, pénible à la nature, mais toujours consolant pour celui qui est animé des vertus apostoliques. Après cette tournée pastorale, faite dans le but de mettre fin à quelques difficultés qui s'étaient élevées en diverses localités, l'Evêque se proposait de résigner son siége au plutôt, en faveur d'un Coadjuteur dont le concours lui eût été dès lors très avantageux s'il eut pu choisir un homme qui eût possédé toute sa confiance. Sa santé qui s'affaiblissait considérablement à cette époque, le portait à négocier avec la Cour la nomination d'un Coadjuteur; mais, d'un autre côté, fatigué par des douleurs sourdes, dégoûté des affaires, il reculait devant les démarches multipliées qu'il lui fallait faire pour obtenir un aide. Le vénérable prélat était, en effet, vers ce temps, devenu tellement étranger à tout désir d'entreprendre des affaires, à tout sentiment d'ambition profane et à la pensée de se jeter de nouveau au milieu de la politique, qu'il ne cherchait qu'à se détacher du monde, qu'à terminer ses entreprises et à goûter le repos de la solitude. Les informations qu'il avait prises et qu'il avait pesées avec le plus religieux scrupule, le décidèrent néanmoins à établir un chapître dans sa cathédrale, comme le lui permettait la Bulle du Souverain Pontife Clément X, qui avait élevé Québec au rang de ville épiscopale. Il s'était décidé à cette démarche par l'idée que l'érection du chapître le mettrait en état de profiter souvent des conseils d'un certain nombre de vétérans du sanctuaire que distinguaient de hautes qualités et qui avaient montré, pendant l'exercice d'un long apostolat un esprit de sagesse convenable au poste auquel il les voulait appeler. Et, dans le cas où la providence le retirerait de ce monde avant qu'il eût terminé les choses qu'il méditait pour le bien de ses ouailles, son successeur, quel qu'il fût, trouverait dans les membres du chapître des personnes éclairées, au fait des ses plans et des mesures qu'il aurait adoptées. Il s'occupa donc de faire son choix et de connaître de plus près ceux qui en avaient été l'objet. Diverses circonstances concoururent à retarder l'exécution de ses vues, et ce ne fut qu'en 1684, qu'il pût s'en occuper efficacement.

N'omettons pas de consigner ici une circonstance qui fait époque dans les annales de l'Eglise du Canada. Dans l'automne de 1682,

Sa Grandeur reçut de Rome les lettres apostoliques, datées du 11 septembre 1681, par lesquelles Sa Sainteté le Pape Innocent XI, annonçait un jubilé à l'univers catholique. C'est la première solennité de ce genre qui ait eu lieu en Canada. Nous nous contentons de faire remarquer que le mandement de Mgr. l'Evêque qui en prescrit les exercices, est daté du 29 janvier 1683. Mais revenons à l'installation du chapître de la cathédrale.

On a vu que le Pape Clément X, par sa bulle du 1er octobre 1674, relative à l'érection de Québec en Evêché, accordait à l'Evêque la faculté de se créer un chapître composé de douze chanoines, d'un Archidiacre, d'un Doyen, d'un Grand-Chantre, d'un Théologal et d'un Grand-Pénitencier. Voilà le digne Evêque de Laval sur le point d'accomplir cette œuvre. Il publia à cet effet un mandement le 6 novembre 1684, portant que les chanoines titulaires de la Cathédrale formeraient le chapitre. Et, le même jour, il avait signé des lettres, provisions canoniques, en faveur de ceux qu'il s'était choisis pour en faire son conseil capitulaire. C'étaient Messieurs Henri de Bernières, *doyen*, Ange de Mezerets, *archidiacre*, Charles Glandelet, *théologal*, Soumande, Pinguet, Buisson, Joseph La Colombière, Le Vallet, De Leuze, Germain

Maurin. L'Evêque, en partageant, avec des hommes recommandables par leur savoir et par leurs vertus, sa sollicitude sur les fidèles de son diocèse, se mettait en moyen d'exercer avec plus d'avantage le saint ministère. Le même mandement qui annonçait l'installation des dignitaires de la Cathédrale les chargeait aussi de la desserte de la paroisse de Québec (*a*). Alors voilà qu'on met des entraves à cette mesure dont l'Evêque attendait néanmoins tant de bien ; et rebutés par les contrariétés qu'on leur suscite, les Chanoines, dans la première assemblée capitulaire, jugèrent cette desserte incompatible avec les autres fonctions dont ils étaient chargés ; aussi dans cette même assemblée tenue le 13 novembre, même année, signèrent-ils d'un commun accord l'acte de leur *résignation sous certaines conditions, et de leur démission de tout droit à l'exercice du soin des âmes de la paroisse.* L'Evêque la reçut et pourvut autrement au service de la cathédrale. Que d'épreuves terribles par lesquelles la providence se plaisait à faire passer ce Pontife au cœur noble et généreux !

Ces chagrins ajoutèrent beaucoup aux infirmités que souffrait le vénérable Evêque ; cependant il ne perdit jamais un seul instant cet air d'affabilité, ces manières courtoises et

(*a*) Voyez lettre 50, *la cure de Québec.*

affectueuses avec lesquelles il recevait. Et ce serait peut-être ici le lieu de dire que ceux mêmes qui eurent le plus à le contrarier par opposition de vues, ont toujours rendu justice à la bonté de son cœur et à sa franche politesse dans tous ses procédés. Dans cette affaire de la résignation de son chapître, il n'en conserva pas moins une haute estime pour les têtes vénérables qu'il s'était associées ; et les chanoines, de leur côté, quoiqu'ils ne pussent accéder aux vues de leur Evêque, parce qu'ils interprétaient peut-être trop sévèrement certaines clauses de la Bulle, qui n'étaient que de style, entretinrent à son égard le respect le plus profond et l'attachement le plus religieux.

Cependant Monseigneur de Laval, inquiet de ce que ses infirmités ne lui permettaient pas de s'acquitter des fonctions du saint ministère, et de ce qu'il ne pouvait porter assez vigoureusement le redoutable fardeau de l'épiscopat, pour que son troupeau en retirât tout le bien qu'il lui souhaitait, aurait voulu repasser en France et demander qu'on lui donnât un substitut. Les difficultés qu'il venait d'éprouver en créant son chapître et en l'installant dans sa cathédrale, jointes à d'autres peines, avaient abreuvé de dégoûts cet homme, parvenu déjà à un grand âge, et miné par toutes sortes d'infirmités. Il résolut toutefois, de repasser en France. Quoique la saison fut fort avancée et qu'à cette époque de l'année, la mer fut vraîment périlleuse, l'Evêque de Laval s'embarqua pour l'Europe, dans le but de se démettre de sa dignité, et d'obtenir du roi un successeur au siége épiscopal de Québec. Sa Majesté n'y consentit qu'après avoir fait, et avoir fait faire, auprès du vertueux prélat, toutes les instances possibles pour l'engager à gouverner plus longtemps un diocèse qu'il avait créé. Pour reconnaître les services qu'il avait rendus à l'Etat, dans la Nouvelle-France, le roi lui laissa le choix de son successeur. Le Père Valois, jésuite, auquel Mgr. de Laval s'adressa pour connaître sur qui il pourrait se décharger du fardeau de l'épiscopat, lui désigna M. l'abbé de S. Valier, alors aumônier du roi, homme d'un mérite supérieur, qui s'était distingué à la Cour par sa modestie et par sa régularité. Le roi déféra aux désirs de l'Evêque de Québec, et permit que le vertueux abbé vînt visiter la colonie avant de se charger définitivement de la diriger. C'est dans ce dessein que M. de S. Valier arriva en Canada à la fin de juillet 1685, en qualité de vicaire-épiscopal de Mgr. de Québec, accompagné de M. de Nonville qui se rendait ici en qualité de gouverneur. M. de S. Valier demeura au Canada jusqu'au 18 novembre 1686, s'étant occupé activement à connaître les besoins de la colonie (*a*). A son

(*a*) Et non pas le 13 novembre 1687, comme l'avance l'auteur de

retour en France, Mgr. de Québec le détermina à recevoir la consécration épiscopale, et se démit de sa dignité le 24 janvier 1688; puis, au printemps de la même année, il se remit en route pour la Nouvelle-France, et y arriva le trois juin sur le vaisseau du roi, le *Soleil d'Afrique.* Le retour de Mgr. de Laval causa une joie universelle d'autant plus grande qu'on avait presque perdu l'espérance de le revoir jamais. Sa Grandeur y annonça la venue prochaine de son successeur, et engagea tous les états à prêter une oreille docile et respectueuse à ses avis. Peu de jours après être arrivé à Québec, Mgr. de Laval s'embarqua pour Montréal, d'où il se hâta de descendre, vu qu'il attendait son successeur vers la fin de juillet. Mgr. Jean-Baptiste Chévrières-de-la-Croix-de-S.-Valier, qui avait reçu la consécration épiscopale au mois de janvier précédent, sous le titre d'Evêque de Québec, arriva dans sa ville épiscopale le premier août 1688, et prit logement au Séminaire. On se figure aisément avec quelles démonstrations d'allégresse et de respect il fut accueilli. Le clergé séculier et régulier alla au-devant de lui, et toutes les classes de la société, jalouses de s'as-

la Liste Chronologique. Cette date que nous transcrivons plus haut, est prise de la lettre que Mgr. de S. Valier écrivait à son retour à Paris, et qui est un compte-rendu de l'état de la colonie, au temps d'alors. Elle fut imprimée à Paris, chez R. Pépie, 1688, in-8. Voyez page 264.—*Note du Copiste.*

socier à ces témoignages de vénération et de pieuse dépendance, se hâtèrent de grossir le cortége. C'était, il est vrai, dans des circonstances bien difficiles que Mgr. de Laval avait laissé le siége de Québec à Mgr. de S. Valier; mais heureusement tous se concertèrent pour applanir les difficultés du moment, comme on le verra en son lieu (a).

A son retour en Canada, le digne prélat démissionnaire se retira au Séminaire qu'il avait fondé, et lui fit cession de tous ses biens. Un ordre extrême avait toujours présidé à l'arrangement de ses affaires; il voulut néanmoins, dans le calme, reviser ses dispositions, s'assurer de nouveau de l'exactitude de ce qu'il avait réglé, et affermir ce qui n'eût paru que concerté. Après sa démission, bien loin de demeurer étranger aux affaires du diocèse ou de les voir avec indifférence, le vertueux Evêque chercha à aider son successeur; il s'employait à le mettre au fait des affaires, il s'efforçait continuellement de l'aider dans l'exercice de ses fonctions, il s'évertuait à lui rendre plus supportable le poids de la dignité épiscopale; et, pardessus tout, il est connu qu'il lui fut d'un grand avantage par les conseils prudens et par les avis charitables qu'il lui donnait en tout temps, et que le nouvel Evêque recueillait avec reconnaissance.

(a) Voyez lettre 52e: "*Biographie de Mgr. de S. Valier.*"

La divine Providence réservait encore à l'illustre prélat de nouvelles et de plus sensibles épreuves que celles qu'il avait supportées jusqu'ici. Et afin qu'aucune peine ne manque à sa grande âme, voici que de nouvelles allarmes vont l'assiéger, et que de nouveaux malheurs vont fondre sur lui. Le 25 novembre, 1701, sur les deux heures de l'après-midi, le feu ayant pris au Séminaire de Québec, en l'absence des prêtres de la maison, qui étaient à leur terre de S. Michel, au delà de la rivière du Cap-Rouge, avec les étudians de leur maison, on emporta l'Evêque, à demi vêtu, hors de la maison chérie que l'incendie enveloppait de toutes parts. Le feu dura jusqu'à la nuit. L'Evêque eût voulu se retirer en la maison épiscopale que Mgr. de S. Valier venait de construire et qu'il occupait (*a*) quoiqu'elle fut loin d'être achevée ; mais les Pères Jésuites lui offrirent de prendre logement chez eux et lui cédèrent l'appartement qui leur servait d'infirmerie. C'était aussi celui qui convenait le mieux au vénérable octogénaire. Les prêtres directeurs du Séminaire eurent aussi part à l'hospitalité des enfans d'Ignace, qui leur firent préparer des chambres, étroites il est vrai, mais convenables d'ailleurs,

(*a*) Mgr. de S. Valier était passé en France l'automne précédent pour les affaires de son diocèse, et n'était pas encore de retour ; mais il avait pris logement avant son départ dans l'Evêché qu'il avait fait construire.—*Note de l'auteur.*

dans leur collége. Le pieux vieillard supporta ce coup avec résignation aux décrets du ciel : et, chaque fois qu'il parlait de ce déplorable événement, il ajoutait sans paraître désolé : " *Sit nomen domini benedictum.*" Peiné, mais non découragé, il sollicita des secours de ses amis de France. Les faveurs de la Cour le prévinrent, le roi lui alloua quatre mille livres pour aider à la reconstruction du Séminaire épiscopal. On se mit à l'œuvre, on poursuivit avec vigueur les travaux de la nouvelle maison, puisque l'ancien édifice ne pouvait supporter de réparations. Mais, hélas ! le ciel réservait encore une douloureuse blessure à ce cœur chrétien. Il voulait sans doute présenter les derniers instans de sa belle carrière comme un encouragement à ceux qui souffrent et qui sont contrariés dans les œuvres qui leur sont chères. Après quatre années de travaux, poussés avec zèle, dans l'automne de 1705, le premier jour d'octobre, l'incendie vint de nouveau détruire le vaste séminaire qui avait déjà tant coûté à son fondateur. Encore une fois, le vénérable vieillard, qui avait fait travailler sans relâche à sa reconstruction, vit ses peines et ses travaux perdus. Meubles, provisions, linges, etc., tout ce qu'il avait pu se procurer pendant quatre années d'épargnes et de privations de tous genres, qu'il s'était imposées, tout fut perdu ! ! ! Et cela par la négligence ou par l'imprudence des menuisiers, qui avaient allumé, dans leur laboratoire, un feu qu'ils n'avaient pas surveillé. Voyant le feu allumé, et qu'il ne pouvait plus le maîtriser, un malheureux ouvrier, tout éperdu, ouvrit une fenêtre, qui excita l'incendie au lieu de l'éteindre. Une portion de l'édifice principal, cette fois, fut cependant épargnée par l'élément dévastateur. L'Evêque se retira encore au Collége des RR. PP. Jésuites, pendant qu'on lui préparait à la hâte des appartemens dans la partie du Séminaire que l'incendie avait respecté. Une vertu vulgaire se serait alors sans doute démentie; cependant, cette fois encore, le courageux évêque ne faillit pas à l'épreuve : il sçut mettre sa grande âme au niveau du malheur ; et, ce dont on doit lui tenir bon compte, c'est qu'à cet âge, le respectable vieillard réveilla toute l'ardeur et l'énergie de ses jeunes ans, pour travailler encore une fois au rétablissement de son Séminaire. Il se mit à l'œuvre, aidé, nous le disons avec orgueil, de nobles sympathies qui font honneur aux citoyens de la bonne ville de Québec, et il eut la consolation d'en voir terminer les travaux avant qu'il plût au ciel de mettre fin à ses précieux jours.

Enfin, plein de jours et de mérites, cet homme si courageux, ce vigoureux athlète, qui avait combattu avec une si sainte ardeur les combats du Seigneur, qui avait passé à travers tant de tribulations et rempli de si fortes tâches que celles qui lui furent imposées, allait bientôt en finir avec les choses de ce monde, et arriver à ce terme qui fait l'objet des désirs du juste. Par les souffrances presque continuelles qu'il supporta dans ses dernières années, il acheva de se rendre digne du sort glorieux auquel le Seigneur l'avait préparé. Dans l'hiver si rigoureux de 1708, il voulut, comme toujours, assister régulièrement aux offices de la cathédrale et présider au chœur, ce qu'il fesait alors, vu que depuis quelques années Mgr. de S. Valier était absent du diocèse (*a*). Le vendredi-saint, ayant persisté à se tenir debout pendant l'office du matin, il sentit son corps s'affaisser sous son propre poids. On s'était aperçu dès le matin qu'il était moins dispos que d'ordinaire, et, vu le froid rigoureux qui se fesait sentir ce jour-là, on l'avait voulu dissuader d'aller au chœur. Il s'y était rendu néanmoins ; mais il y contracta une pleurisie qu'il fut bien difficile de maîtriser et dont il ne se remit jamais. Il ne put pas même recouvrer assez de forces pour sortir de ses appartemens. Sa maladie fut longue ; cependant le vénérable vieillard fut, jusqu'à la fin, modèle de patience, puisqu'il supporta ses douleurs avec un courage mêlé

(*a*) Il était détenu dans Londres. Voyez sa Biographie, lettre 52e.

de douceur, disons même d'agrément, toujours sans aigreur, sans plaintes et sans sortir de l'égalité naturelle de son caractère ; sa mort enfin fut l'écho de sa vie. Il ne se dissimulait pas qu'il allait bientôt mourir, il envisagea sa fin prochaine avec une tranquillité admirable, qui ne pouvait être que le fruit de l'innocence, de l'intégrité et de l'utilité de toute sa vie et d'une soumission sincère aux décrets de la divine providence.

C'est dans ces nobles sentimens qu'il termina son édifiante et laborieuse carrière, le 6 de mai, 1708, à sept heures et quart avant-midi, agé de quatre-vingt-cinq ans et sept jours. Plein d'infirmités, accablé de douleurs dans sa longue maladie, il se montra aussi constant qu'un martyr après s'être montré toute sa vie aussi actif qu'un apôtre. Eminent par ses vertus, aimable par ses qualités, doué d'une science et d'une profondeur de jugement qui fesait respecter ses décisions, il fut à ses derniers instans l'objet des regrets de tous les colons, comme il avait été toute sa vie l'objet de leur vénération et de leur sincère estime. Le son des cloches annonça à toute la ville ce lugubre événement. Tout le peuple se pressait auprès du lit funèbre sur lequel gisait le corps inanimé de celui qui avait tant aimé son troupeau, et pour le bien duquel il s'était imposé de si grands sacrifices. Chacun voulait faire toucher à son corps quelque objet de piété. Il n'est pas jusqu'aux enfans qui criaient: LAISSEZ NOUS VOIR LE SAINT!!! LAISSEZ NOUS VOIR LE SAINT!!!

Les diverses communautés religieuses ayant témoigné le désir de voir les dépouilles mortelles du vénérable Evêque, il fut résolu qu'on les porterait processionnellement dans les quatre églises de la Haute-Ville. Elles furent préparées à cet effet et tendues de noir. Le troisième jour après son décès, le précieux dépôt, porté par six ecclésiastiques, précédés d'un clergé de cent quatre-vingt-dix personnes, fut transporté d'abord à l'église des RR. PP. Récollets; de là à la modeste chapelle des RR. Mères Ursulines; ensuite à l'église des Pères de la Compagnie de Jésus, puis à la chapelle des Dames Hospitalières de l'Hôtel-Dieu; après quoi le convoi funèbre retourna à l'église Cathédrale. Jamais Québec n'avait vu circuler dans ses murs un cortège funéraire aussi pompeux.

La foule était immense dans l'église paroissiale, et les voitures des personnes accourues des paroisses voisines pour assister aux obsèques de l'illustre défunt encombraient les avenues du temple. M. Séré de la Colombière, Vicaire-Général, Chanoine de la cathédrale de Québec, prononça avec émotion quelques paroles sur les titres que le Pontife défunt avait aux prières et aux regrets de tous ses diocésains ; mais un discours funèbre, de longue haleine, fut prononcé par le même, avec non moins d'effet à un service solennel qui fut célébré le trentième jour après le décès du vénéré prélat. Après le service et les absoutes, ses restes mortels furent déposés dans une fosse préparée devant le grand autel de la cathédrale. Là repose le premier Evêque de l'Eglise du Canada, et son nom sera toujours cher à la Religion et à la Patrie. Le souvenir de ses vertus, pures et dignes en tout des premiers âges du Christianisme, comme le souvenir des actes de son apostolat seront à jamais précieux aux enfans de la Nouvelle-France, et toujours elle pourra s'énorgueillir de ses glorieux travaux.

M. Charles Glandelet, Vicaire-Général, Doyen du Chapître de l'Eglise Cathédrale de Québec, qui avait été quelque temps auprès du vertueux Evêque en qualité de secrétaire, homme de mérite, a laissé des mémoires intéressans sur les miracles opérés au tombeau de Monseigneur de Laval. A sa mort il a légué de copieux manuscrits, qui ont été très avantageux à M. de La Tour (*a*), dans le travail précieux quoiqu'imparfait que ce laborieux abbé nous a laissé sur la vie et les

(*a*) Voyez note L, à la fin du volume.

vertus du premier Pontife qui ait occupé le siége épiscopal de Québec.

NOTE.—Nous joignons à cette Esquisse de la vie de l'Illustrissime et Révérendissime Seigneur, l'Evêque de Laval-Montmorency, l'oraison funèbre prononcé dans l'Eglise Cathédrale de Québec, le trentième jour après l'inhumination du vénérable pontife. L'Editeur de ces deux précieux morceaux d'antiquités littéraires canadiennes, a voulu les présenter au pnblic en un même livret afin que l'exposition des faits pris dans l'un, pût servir de pièce justificative à l'autre. Ces copies sont donnés comme authentiques, l'Editeur ayant été à même de les collationner sur quelques anciens manuscrits qu'il lui a été donné de réunir. Peut être néanmoins s'y serait-il glissé quelques erreurs ; ce ne serait tout au plus que des *lapsus calami* qui ne nuiraient en rien à la véracité des faits y relatés

C. S. F.

ELOGE FUNEBRE

DE

L'Illustrissime et Révérendissime Messire

FRS. XAV. DE LAVAL-MOTMORENCY,

Premier et ancien Eveque de la Nouvelle France.

PRONONCÉ

Dans l'Eglise Cathedrale de Québec,

LE 4 JUIN, 1708,

PAR MESSIRE JEAN-SÉRÉ DE LA COLOMBIÈRE,

Vicaire-General du Diocese.

ELOGE FUNEBRE

DE MESSIRE

F. Xav. de Laval-Montmorency,

PREMIER EVEQUE DE QUEBEC.

Egredere de terrâ tuâ, et de cognatione tuâ, et de domo patris tui, et veni in terram quam monstrabo tibi.

Sortez de votre pays, de votre parenté, et de la maison de votre père et venez dans la terre que je vous montrérai.

C'est ce qui fut dit autrefois à Abraham, au livre de la Génèse, chap. 12ème.

Oh ! que Dieu est bon dans la conduite qu'il tient à l'égard de ceux qui ont un cœur droit et sincère et qui marchent dans les voyes de la vérité et de la justice, s'écrie le prophète roy avec étonnement.

L'apostre nous enseigne que tout tourne, tout conspire, que tout contribue au salut éternel et au bonheur des fidèles qui aiment Dieu et qui sont appelez selon son décret éternel pour estre saints. La foy ne nous permet pas de douter que les yeux de la Providence sont perpétuellement et favorablemeut ouverts sur touts les élus. Il n'y en a pas un à qui elle n'ait préparé un enchaînement de grâces avec lesquelles il parvient infailliblement à la gloire;

M

mais nous devons estre persuadez par la foy, par l'histoire sainte et par notre propre expérience qu'il y a certains prédestinés dont Dieu veut se servir pour l'exécution de si grandes choses et dont la vocation est accompagnée de grâces si spéciales et de dons si excellens qu'il semble que le ciel soit uniquement appliqué à les sanctifier et qu'il prenne plaisir à s'épuiser en leur faveur. Tel fut autrefois Abraham que les Apostres et les Pères ont tant exaltés et que le Sainct-Esprit qui en a voulu estre l'historien et le panagériste, a dit avoir été élevé à une gloire que nul n'a égalé.

Tel a été Monseigneur l'Illustrissime et Reverendissime François-Xavier de Laval-Montmorency, ci-devant premier et puis ancien Evesque de la Nouvelle-France, dont la vie a été un tissu d'actions si sainctes et si héroïques qu'en nous laissant embaumés de l'odeur de ses vertus, il nous a mis dans l'impuissance de faire connoistre l'étendüe de son mérite. Ce n'est pas dans l'espérance de remplir ce sujet que j'entreprends de le traiter, c'est seulement pour éviter l'ingratitude et me mettre à couvert des justes reproches qu'on aurait sujet de me faire, si j'avais refusé de parler dans une occasion où la matière est si belle et si propre à édifier, qu'elle n'a besoin ny d'estre ornée pour plaire, ny d'estre épuisée pour donner de l'émulation.

Il y avait déjà quelques annéez que, Abraham, souple et obeissant à la voix du Très-Haut, étoit sorti de la ville d'Ur, avec son père Tharé, pour venir en celle d'Haram. Son père étoit déjà mort en cette dernière lorsque Dieu, qui avoit jeté les yeux sur ce patriarche pour en faire la tige et le chef du peuple choisi et de la nation saincte, apparut à lui pour la seconde fois et lui ordonna de sortir de son pays, de sa parenté, et de la maison de son père, pour venir dans la terre qu'il promit de lui montrer. Cet ordre fut exécuté avec toute la promptitude et la fidélité dont étoit capable l'homme le plus juste qui étoit sur la terre et qui devoit devenir le père du Messie.

Il y avait déjà quelques annéez que le prélat dont nous honorons la mémoire, par une inspiration secrète, s'étoit défait de son archidiaconé d'Evreux pour venir dans la ville de Caën, où il menoit une vie retirée, lorsque Dieu qui le destinoit pour estre le premier Evesque de la Nouvelle-France, luy ordonna par l'organe de ceux qui le conduisoient de passer dans ce continent. Cet ordre fut exécuté avecque une fidélité qui mérite d'autant plus nostre attention qu'elle a été la source du bonheur du Canada et de la sanctification de son premier Pontife.

S'il est vrai, comme on n'en saurait douter, que la grandeur et l'élévation auprès de Dieu ne consiste qu'à lui obéïr, rien n'est plus avantageux au mort que nous pleurons que de mesurer son mérite sur le pied de l'obéissance ; car il ne paroist pas qu'il ait mis aucune borne à la manière dont il l'a exercée. Pour obéïr à la voix de Dieu, il a quitté un des climats des plus doulx et des plus temperez, le royaume du monde le plus florissant et le plus poli, où sa vertüe estoit connüe, et où l'on estoit disposé à la couronner, pour venir dans un pays des plus rudes et des plus incommodes, dans un pays dont les habitans n'étoient connus que par leur barbarie, où il y avoit des travaux immenses à essuyer et des occasions sans nombre de souffrir. Il a préféré comme Moïse l'honneur de participer aux souffrances de Jésus-Christ et aux afflictions de son peuple plutost qu'aux délices et aux richesses de la Cour d'un monarque qui est autant au-dessus des Pharaons par sa magnificence que par sa piété et son attachement à Dieu. C'est ainsi qu'il a commencé à signaler sa soumission pour accomplir les desseins de Dieu : il a vécu dans une entière séparation de son illustre parentée, dans un parfaict oubli de sa maison, qui est une des plus grandes du royaume, et dans l'exercice du zèle et de la pauvreté apostoliques. C'est par là que son obéïssance a été consommée.

Voilà les deux points où pour ménager votre patience et mes forces, j'ai cru devoir réduire la matière de cet éloge et faire aboutir les loüanges dont il auroit été difficile de trouver le bout.

Dieu dont les desseins ne sont que justice et que miséricorde, parmi un nombre de serviteurs qu'il avoit dans le siècle passé dans l'Eglise Gallicanne, avoit choisi de toute éternité François de Laval pour établir la hiérarchie dans la Nouvelle-France. Pour conduire ce dessein avecque la force et la douceur qu'il a accoutumé de disposer de toutes choses, lui inspira, dès ses tendres annéez, le désir de venir en Canada. Cette pensée, capable d'effrayer un homme intrépide et une ame consommée dans la vertüe, vint dans l'esprit de l'abbé de Montigny qui n'étoit pour ainsi dire qu'un enfant. Il étoit cependant dès lors Chanoine d'Evreux. On regardait dans le monde ce canonicat comme un degré pour monter sur un des thrones des deux Evesques dont il estoit le neveu, ou pour parvenir à une dignité encore plus éclatante et plus convenable à sa naissance. Ses penséez estoient aussy éloignëez de celles du monde que le ciel l'est de la terre. Dans un age où les mieux intentionnéz croient pouvoir raisonnablement se dispenser du travail, celui-ci eut l'envie de venir travailler à la conversion des sauvages, et loin de la rebuter, il la reçut avec actions de grâces et n'obmit rien de ce qui pouvoit lui attirer les secours nécessaires pour l'accomplir. Son projet, sans estre connu, fut traversé par un de ses oncles. Le parent, plein d'affection pour la maison de Montigny dont l'abbé estoit l'aisné et ne prévoyant pas tout le bien qu'il devoit faire dans la maison de Dieu, l'obligea, malgré sa répugnance, de rentrer dans le siècle. Il crut que si son neveu s'établissoit dans le monde, l'église ne manqueroit pas de bons sujets, et que si il ne le fesoit pas, sa maison manqueroit d'appui parcequ'il étoit le seul qu'il jugeoit capable de la soutenir. Le ciel aimoit trop l'oncle et le neveu pour les laisser dans une disposition si opposée à ses desseins. La mort se présenta bientost à celuy-là, d'une manière assez lente pour luy donner loisir de réfléchir à la violence qu'il avoit faite à celui-cy. Il luy en témoigna du repentir ; et il fut contraint de le prier de rentrer dans l'état ecclésiastique et de suivre la voix de Dieu qui l'appeloit au sacerdoce.

Il ne perd pas un moment de tems, il prend l'ordre de prestrise à l'âge de vingt-quatre ans et un jour, et fut presqu'en même tems pourveu du grand-archidiaconé d'Evreux. L'exactitude de ses visites, la ferveur avecque laquelle il s'y comporta, la réforme et le bon ordre qu'il établit dans les paroisses, le soulagement des pauvres, son application à toutes sortes de biens, dont aucune ne luy échappoit : tout cela fit bien voir que sans estre évesqùe il en avoit l'esprit et le mérite, et qu'il n'y avoit pas de service que l'E'glise ne deut attendre d'un si grand sujet. C'étoit le sentiment universel sur l'abbé de Montigny. Luy seul croyant le contraire, songeoit à la retraite comme l'unique moyen d'acquérir les vertus qu'il ne pensoit pas avoir. Plein d'amour pour la solitude, il se défait de son archidiaconé ; mais en faveur de qui pensez-vous qu'il se dépouïlle ainsi de son bénéfice? La chair ny le sang n'eurent point de part à cette disposition. Bien loin de jeter les yeux sur quelqu'un qui le sollicitât ou qui luy eust été recommandé, il choisit un homme de grace qui en ce tems là n'étoit connu que de Dieu et d'un petit nombre de ses amis, mais dont la sainteté a depuis fait un des ornemens du clergé de France. Ce fut l'humble, le pauvre, le zélé Monsieur Boudon, qui de nos jours a fait voir dans sa personne la pauvreté de S. Jean, jointe à la prédication de S. Paul. Ce fut là l'Elizée que notre Elie prit pour son successeur, après quoy il fut transporté dans le paradis terrestre de Monsieur de Bernières. C'est ainsi que j'appelle et qu'on doit appeler ce fameux hermitage de Caën où l'auteur séraphique du Chrétien Intérieur (*a*) changeoit en anges tous ceux qui

(*a*) *Le Chrétien Intérieur*, 2 volumes in-12 ; cet ouvrage que publia M. de Bernières a été mis à l'*index* comme entaché de Jansénisme.— *Note du Copiste.*

avoient le bonheur d'estres les compagnons de sa solitude et de ses exercices spirituels. Ce fut là que pendant quatre ans le fervent abbé puisa les eaux vives et abondantes de grace dont cette région a été depuis heureusement arrosée. Dans ce céleste séjour, ses occupations ordinaires étoient la prière, la mortification, l'instruction des pauvres, les conférences ou lectures spirituelles ; les récréations estoient de travailler à l'hôpital, d'y servir les pauvres, de faire leurs lits, de les assister dans leurs besoins les plus rebutans, aider à panser leurs playes. Mais quoique dans cette solitude il vécut en homme parfaitement mort au monde, la ville de Caën ne laissa pas de sentir les doux effets du commerce qu'il avait avec le ciel. Sous prétexte de régler l'Hôtel-Dieu de cette ville on vouloit s'emparer de son bien. Ces filles généreuses non contentes de s'estre consacréez au service des pauvres par des vœux solennels, taschoient de grossir leur revenu par leurs épargnes lorsqu'on entreprit de leur en ôter le maniement. Ce dessein estoit d'autant plus dangereux qu'il paroissoit formé pour le bien public et qu'on avoit rendu suspecte à la Cour l'administration des hospitalières. Des princes, mesmes prévenus contre elles, se déclaroient en faveur de leurs parties, et ostoient aux gens de bien le courage et l'envie de soutenir la bonne cause des servantes de Dieu calomnieez et opprimeez. Un hôpital sur le point d'estre renversé, des difficultez sans nombre à surmonter, il n'en fallait pas davantage pour piquer le zèle de l'abbé de Montigny. Il sort de son désert comme un autre Elie pour faire teste aux faux prestres de Baal. Il va à la Cour porter le flambeau de la nuit, il tire le rideau de l'intrigue, il découvre l'intérêt sordide de la cabale et désabuse les princes, il désille les yeux aux magistrats et, après avoir percé et dissipé les ténèbres dont cette affaire avoit été malicieusement enveloppée, il ramène le jour et le calme dans l'Hôpital de Caën, il rend la vie aux membres affligés de Jésus-Christ et aux épouses la liberté de les secourir.

Cette victoire gagnée il se présenta bientôt un autre ennemi. Le déréglement s'étoit mis dans une maison de religieux de la même ville, hélas! où ne se met-il pas?...Grace à l'abbé de Montigny et aux bénédictions qu'il a plu au ciel de verser sur ses travaux la ferveur y est aujourd'huy—il n'y a que Dieu qui connoisse les peines que causent ces sortes de travaux et d'entreprises et la force dont il faut qu'il reuette ceux qui les font. Que d'habileté, que de prudence, pour découvrir la véritable source du mal! que de courage, que de force pour y remédier—on craint en voulant arrêter le désordre de l'augmenter; on doute si le bien qu'on veut faire sera aussi grand que le mal qui en peut revenir. A la vérité les laïques, gens de bien, voyant la licence jusque dans le sanctuaire s'en humilient. La chûte des cèdres fait trembler les arbruisseaux, mais les foibles s'en scandalisent et les libertins prennent occasion de s'autoriser dans leur libertinage. Que de mesures ! que de ménagemens! que de circonspection pour naviguer parmi tant d'écueils sans échouer ; c'est pourtant ce que fit nostre illustre abbé. Il employa avec tant de sagesse et d'efficace, l'authorité ecclésiastique qui l'avoit commis pour informer et sçut si bien intéresser l'authorité séculière que d'une maison de trouble et de dissention il en fit une maison de paix, de piété et d'édification, ouvrage pour lequel il sera éternellement récompensé dans le ciel tandisque le sainct fondateur de la maison où il a établi la réforme aura des enfans qui lui ressembleront et qui auront une portion de son zèle. Ne vous lassez point en travaillant, ô incomparable athlète de la charité, ce ne sont que dés coups d'essai pour votre courage. La providence vous prépare un champ plus digne de votre grand cœur. On cherche un sujet pour fonder une église dans une contrée si vaste que depuis deux cents ans qu'on l'a découverte on n'en a pu découvrir les limites, si froide qu'on n'y connoist presque point d'autre saison que l'hiver, si inculte que jusqu'à présent elle n'a produit que des arbres stériles. Un sujet également propre à disposer, à conduire, à former un troupeau, à paistre des agneaux et des brebis; à changer des bêtes féroces en agneaux et en brebis, enfin un sujet déterminé à travailler sans relâche à la conversion d'une espèce d'hommes qui à la figure près n'ont presque rien des autres hommes et qui n'entendent la voix de leur pasteur que par l'organe d'un petit nombre de missionnaires qui courent après dans les bois comme après des ours, au péril même d'en estre dévorez. Ce sujet ne se trouve pas à la Cour parmi les amans intéressez qui courent après les joyaux des époux, il faut qu'il soit élevé dans le désert comme un autre S. Jean-Baptiste, fait à la fatigue comme luy, sans ambition, sans délicatesse, sans respect humain, lui mesme preschant la pénitence plus par ses actions que par ses paroles, uniquement occupé du soin de préparer les voyes du Seigneur et de trouver le moyen de planter la croix dans toutes les parties septentrionales de ce Nouveau-Monde. A la vérité il n'y a pas de mitre en France qui ne puisse tomber sur votre teste ; mais il n'y en a point qui convienne mieux à votre vertüe que celle-cy, qui réponde plus justement à vostre vocation. Vostre attrait est pour la solitude ; vous ne la perderez, pas vous ne ferez qu'en changer ; et si l'horreur des déserts en fait le prix, assurez-vous que ceux qu'on vous offre sont incomparablement plus beaux que celui que vous quitterez.

L'abbé de Montigny n'eut point de peine de venir en Canada, mais il en eut d'y venir comme Euesque. Pour l'y faire consentir il fallut avoir tout l'ascendant qu'avoit M. de Bernières sur son esprit et y joindre comme il fit l'authorité de la direction. Cette mitre toute épineuse qu'elle étoit ne fut pas cependant donnée gratuitement. Elle lui coûta des combats, il paya chèrement les croix dont elle étoit semée. A peine eut-il reçu les Bulles de Vicaire-Apostolique de la Nouvelle-France, sous le nom d'Euesque de Pétrée, qu'on forma des oppositions à son sacre. Un autre moins passionné pour les souffrances aurait été ravi de cet obstacle ; mais il les surmonta par son habileté et sa constance. Il fut sacré dans l'Eglise de S. Germain-des-Prés, par le Nonce de Sa Sainteté, le jour de l'Immaculée Conception ; il choisit ce jour par une confiance particulière qu'il avoit en la mère de Dieu conçue sans péché. Car en fait de dévotion à la Ste. Vierge c'étoit un Anselme, un Ildéfonse. Jamais prélat n'eut plus de soin de faire honorer cette Reine des Anges dans son dioceze et d'inspirer son amour à ses diocésains.

La grace du S. Esprit ne souffre point de délai ni de remise, dit S. Ambroise. Un

Euesque qui en est plein, n'attend que l'occasion favorable pour exécuter ce que le S. Esprit luy inspire. Dès l'année suivante, il s'exposa à une navigation périlleuse pour venir reconnoistre son troupeau. Pour le délasser des fatigues et des incommoditez de son voyage, à son arrivée, on luy dispute la jurisdiction. Il faut combattre et vaincre de nouveau en entrant dans cette terre promise. Consolez-vous, illustre amant de Jésus-Christ, rien ne vous empeschera désormais de luy tenir compagnie sur le calvaire. Ne vous attendez pas de trouver vos brebis ramasseez dans des villes, des villages, des hameaux, elles sont éparses çà et là, éloigneez les unes des autres, logeez dans des cabanes destitueez de tout excepté de misères temporelles et spirituelles dont elles régorgent quoy qu'elles soient en petit nombre. Avant qu'elles ayent toute la consolation de voir leur pasteur, et luy celle de les consoler, il faudra qu'il fasse de longues courses, mal couché, mal nourri, marchant avec des raquettes aux pieds sur les neiges, tantôt montant, tantôt descendant par des chemins mipraticables. C'est là l'exercice de nostre nouvel Euesque pendant les trois premières anneez de son épiscopat ; ou joignant les bénédictions temporelles aux spirituelles il distribua par ses mains ou par les mains d'autruy, secrettement, dix milles écus à ses ouailles. Cette libéralité qui paroist excessive diminua l'indigence; mais elle ne fut pas suffisante pour la faire cesser. Le Canada pour lors étoit entre les mains d'une compagnie ny assez puissante pour la soutenir, ny assez désintéressée pour l'abandonner (*a*). Dans cette situation le Canada ne fesait que languir. Il y avoit près de deux siècles que les fleurs de Lys avoient été arboreez sur cette terre, et cette terre ne produisoit rien. Elle portoit le nom de Nouvelle-France, et il n'y avoit qu'une poignée de gens de l'Ancienne. Point d'Euesque titulaire, point de Séminaire. Point d'Intendant, point de Conseil. Les Gouuerneurs n'ayant que de médiocres appointemens proportionnez aux vües de la compagnie qui étoient fort borneez, n'entreprenoient rien de considérable pour le pays. C'étoit un corps informe et sans ame qui n'avoit que le commencement de l'estre et qui attendoit une main secourable pour luy en donner la perfection. A qui étoit réservée une fonction si noble, si pénible, si importante? A cet Abraham que Dieu n'a tiré de l'ancienne France que pour procurer au fils aîné de l'Eglise le solide établissement de la Nouvelle, afin qu'il acquit par ses travaux les titres de père et de bienfaiteur du Canada,

(*a*) Le 24 février, 1663, la Compagnie du Canada fondée par le consentement du Roi (29 avril 1628) a cédé ses droits à la Couronne de France par contrat volontaire. . . . Voyez à cet effet la lettre 70e. "Sur la Compagnie du Canada."—*Note du Copiste.*

faciam te in gentem magnam. Allez, ange titulaire de la Nouvelle-France, allez au-delà des mers ménager ses interests, réprésenter ses besoins, donner des ouvertures pour y rémédier. Dieu bénira tout ce que vous entreprendrez en sa faveur et votre nom sera célèbre à jamais dans ce Nouveau-Monde. *Benedicam tibi et exaltabo nomen tuum.*

La haute naissance de ce prélat, l'accès que lui donnait auprès du roy, l'estime qu'il fesoit de sa vertüe, l'idée qu'il avoit conceue de sa droiture et de sa probité, engagea ce prince à écouter et à suivre ses conseils. D'un côté la Compagnie touchée de ses vives et fortes raisons et comme forcée par ses pressantes sollicitations, abandonna un fardeau qui étoit trop pesant pour elle et qui avoit perdu déjà beaucoup de son prix entre ses mains, et de l'autre costé nostre grand monarque, persuadé par l'homme de Dieu, chargea tout seul comme un autre Atlas ce nouveau-monde sur ses épaules et luy communiqua une force sans laquelle il y a longtemps qu'elle seroit expirée. Ce fut à la très humble prière du pasteur que le maistre du troupeau songea tout de bon à sa conservation et à son accroissement. Ce fut sur ses charitables et respectueuses instances qu'il envoya des troupes, qu'il augmenta les appointemens des gouuerneurs, qu'il fit un Intendant, qu'il créa un Conseil (*a*). Il voulut que l'Euesque et le gouverneur nommassent les Conseillers. Il donna des patentes pour le Séminaire, en un mot il mit le pays dans sa consistance. Depuis il n'a pas manqué d'envoyer tous les ans un secours considérable qu'il a souvent redoublé selon les besoins et que toute l'Europe conjurée contre luy n'a pu luy faire interrompre.

Mais le chef-d'œuvre de la bonté de nostre Auguste Souverain et celuy des travaux de nostre infatigable prélat, c'est l'érection de l'Euesché de Québec. Tandisque l'église n'a point d'Euesque titulaire, sa durée est fort incertaine et le siège du prélat qui la gouuerne est fort chancelant. Après sa mort on n'est pas assuré d'avoir un prélat, cela dépend tellement du concert et de l'accord de plusieurs personnes et de plusieurs puissances, que, si une seule se dément il est privé de la consolation d'avoir un chef et tout retombe dans la confusion. C'est comme une statue dont la teste ne tient point au tronc, elle peut à tout moment perdre sa forme et sa figure ; mais quand il y a un Euesque titulaire, le dioceze n'est point sujet à ces inconvénients ; l'Euesque peut mourir mais il ne peut pas ne pas avoir de successeur, et, en attendant, il reste une certaine puissance qui tient tout dans l'ordre.

(*a*) Voyez note M, à la fin du volume.

Chacun garde sa place et rien ne se dérange ; les membres du corps hiérarchique continuent leurs trauaux dans la dépendance du Vicaire-Général nommé par le chapître, et quand le nouuel Euesque vient, il ne trouve que sa place vide et il remplit tout en la remplissant.

Réjouissez-vous, ô peuple du Canada, votre église fondée, dotée par la piété et par la libéralité de Louis-le-Grand, le plus grand de nos monarques, érigée en Eueschê par l'authorité du S. Siége et par la Bulle de Clément dixième, l'un de nos plus grands Papes, participe à l'immutabilité de la pierre sur laquelle elle a été fondée, et contre laquelle les portes de l'enfer ne peuvent pas prévaloir ; mais n'oubliez jamais les peines et les sueurs que cet ouvrage a couté à notre premier Euesque. Toute autre puissance que la sienne aurait été épuisée à la poursuite d'un si grand bien. A chaque pas qu'il fesoit il trouvoit une nouuelle difficulté ; à peine en auoit-il surmonté une qu'il s'en présentoit une plus grande—il faut trauerser une seconde fois l'océan, passer quatre anneez consécutives dans l'amertume de se voir séparé de son cher Séminaire, essuïer de fascheux rebrets, des langueurs infinies, flotter sans cesse entre la crainte et l'espérance, se soutenir dans des renversemens qui paroissent sans ressource, agir dans ce temps-là avec autant de vigueur que si on étoit assuré du succez. Croyez-moi, vous pouuez vous glorifier de ce que votre église a été plantée dans le sang de votre premier pasteur. Ses trauaux, par leurs longueurs, ont égalé, s'ils n'ont pas surpassé, les supplices de bien des martyrs. Pour vous, grand Prélat, ayant autant de penchant que vous en aviez à faire le bien, celui que vous avez fait au Canada vous a dédommagé des douceurs de la patrie que vous avez quittée. Ce n'est pas tout, vous avez vécu dans une parfaite séparation de vos illustres parens, dans un entier oubli de votre illustre maison, dans l'exercice du zèle et des vertües apostoliques, c'est par là que vous avez consommé votre obéissance, c'est par là qu'il faut continuer et acheuer ce discours.

La vertüe ne consiste pas dans la noblesse, car souuent la noblesse est destituée de vertüe ; mais quand elles sont jointes ensemble, l'une et l'autre s'entr'aident et s'embellissent extremmement. Le fils de Dieu a vécu pauurement pour nous apprendre à mépriser les pompes du siècle et son vain éclat ; mais pour cela il n'a pas méprisé l'auantage de la naissance, au contraire il a cru que naissant fils de David, héritier du sceptre de Judas et issu d'une longue suite de glorieux ancêtres qui composent la plus belle des généalogies, les nobles s'instruiroient par son exemple de l'usage qu'ils doiuent faire de leur noblesse et de l'obligation qu'ils ont d'employer le courage qu'elle leur inspire à s'humilier, à dompter leurs passions et à les soumettre à la sainctеté de la croix. S. Paul auoit merveilleusement profité de cette instruction, car quoiqu'il fût d'une maison illustre parmi les juifs, et qu'outre cette qualité il eut celle d'estre citoyen Romain, qualité si vénérée que les princes et les Roys tenaient à l'honneur de la posséder, il déclare nettement qu'il renonce à toute gloire, excepté à celle qui lui vient de la croix de son divin maistre, par qui le monde et luy sont crucifiez l'un à l'autre, c'est-à dire, qu'ils s'entrehaïssent également et s'entrepoursuiuent avec une égale constance. " *Absit mihi gloriari nisi in cruce domini nostri Jesus Christe per quem mundus mihi crucifixus est et ego mundo.*

Nous prions pour un Euesque dont on peut dire sans crainte d'exagérer, sans crainte de faire tort à personne, qu'il n'y auoit pas de prélat dans l'église qui sortit d'une maison plus titrée, plus élevée, plus glorieuse ; mais on est obligé de dire à l'honneur de son humilité qu'il ne fut jamais prélat plus ennemi de la grandeur et de l'éléuation. Il étoit Montmorency, mais il portait le nom d'une de ses tantes qui s'appelait Anne de Laval, fille unique et héritière de Guy, sixième de ce nom, et épouse de Mathieu de Montmorency, l'un des cinq connétables de cette maison, c'est-à-dire que le sang qui couloit dans ses veines venoit de deux sources de noblesse si pures et si anciennes, puis si illustres, que, excepté les maisons des princes et des souverains où elles sont souvent entreez, et d'où elles sont souuent sorties pour venir dans celle-cy, il n'y a point de maison au monde qui soit au-dessus d'elle et qu'il y en a peu qui ne se fit gloire d'estre immédiatement au-dessous.

La maison de Montmorency est plus ancienne dans la monarchie que la religion chrétienne. Ce nom étoit connu, il étoit mesme familier dans les Gaules auant qu'on y preschast Jésus-Christ, peut-estre mesme avant qu'il vint au monde. Cette maison est grande par tant d'endroits et brille depuis si longtemps que ce ne seroit pas un médiocre embarras que de vouloir mesurer sa grandeur. Mais quoique de toute part elle jette un éclat qui éblouit, elle a un caractère d'autant plus précieux qu'il engage à la piété et qu'il doit être respecté jusqu'à la fin des siècles dans tous les lieux éclairez de la lumière de l'Evangile. C'est que le premier Seigneur, le premier Baron Françaisqui a embrassé le christianisme, a été un Montmorency. Le premier Baron de l'Ancienne France a été un Montmorency; il est d'un bon augure qu'un Montmorency ait été le premier Euesque de la Nouuelle-France. Le premier des grands de l'Ancienne-France, qui a écouté la parole de salut et ouvert les yeux à la clarté, a été un Montmorency. Un Montmorency a été le premier des grands qui, dans la Nouuelle, ait presché cette parole avec l'authorité et la puissance épiscopale, et, ce qu'il y a de plus grand et de plus solide, c'est qu'il y a pratiqué d'une manière très touchante et très exemplaire cette même vertüe, la charité qu'il recommandoit aux autres. Dans l'Ancienne-France la maison des Montmorencys a été une pépinière de Généraux d'armées, de Grands-amiraux, de Maréchaux, de Connétables, de Grands-maistres, et de tous les grands officiers de la Couronne; non-seulement elle en a fourni à elle seule plus que bien des grandes maisons de France en particulier, mais encore que plusieurs ensemble. Un seul Montmorency dans la Nouuelle-France non-seulement a éleué dans sa maison plus de clercs, de léuites, de prestres et de dignes ministres du Dieu des armées et du Roy des roys qui l'ont fidèlement serui dans ses armeez et qui la seruiront encore, que bien des prélats non les plus zélez en particulier, mais que plusieurs prélats des plus saincts et des plus réguliers ensemble. Les exploits des héros de la maison de Montmorency font une des plus belles parties des annales de l'Ancienne-France; une des plus belles parties de la Nouuelle, ce seroit les actes héroïques de charité, d'humilité et de religion d'un Montmorency. Les combats qu'ont livrés dans l'Europe les Montmorency, les victoires qu'ils y ont gagneez, les conquestes qu'ils y ont faites, fourniroient plusieurs volumes d'une histoire très-belle et très remplie, on fairoit un très bel ouvrage et fort complet des victoires qu'a remporteez sur les péchés, sur les passions et sur le démon un Montmorency dans l'Amérique ; et comme les victoires spirituelles sont beaucoup au-dessus des temporelles et qu'il n'y a que celles-là qui produisent des fruits véritablement immortels, et qui sans figure soient d'une éternelle durée, il s'ensuit que le Montmorency du Nouueau-Monde en renonçant aux douceurs qu'il pouvoit tirer de la grandeur de ses illustres parens et de ses glorieux ancestres, a pris une route qui l'élèue au-dessus de tout.

Ses ayeuls ont vaincu les ennemis de l'état, quelquefois mesme ceux de l'église en les faisant périr par la force de leurs armes ; celuy-cy a vaincu les ennemis de Dieu en les sauuant par la force de son zèle dans l'exercice duquel il ne s'est jamais relasché. Ses ayeuls ont surmonté des chefs, des généraux d'armeez qui étoient leurs inférieurs et tout au plus qui les égaloient en valeur et en habileté. Par leur magnificence ils ont effacé ce qu'il y auoit de plus brillant en Europe ; celui-cy en méprisant la grandeur, en foulant aux pieds l'éléuation a triomphé de tous les Montmorency et de luy-mesme par une pauureté digne des anachorètes des premiers siècles et dont il a fidèlement obserué les loix jusqu'à la fin de ses jours.

C'est par ces deux vertües apostoliques qu'il a possédeez dans un souverain degré, que Dieu luy a donné dès cette vie le centuple de ce qu'il avoit quitté en quittant ses parens pour l'amour de luy. Le zèle qu'il a produit en France n'étoit qu'un commencement et une ébauche de celuy qui l'a depuis animé en Canada, n'ayant pu moy-mesme qu'ébaucher le premier, comment pourrai-je exprimer le second ? N'attendez pas de voir icy la dureté, l'amertume de l'indiscrétion ; vous n'y voirez point non plus cette petitesse injurieuse qui donne à un feu céleste et diuin des bornes plus étroites que n'en aurait un amour terrestre et qui s'attachant à un seul objet néglige ou condamne tous les autres. A la vérité c'est icy un apostre, jamais il n'y eut de désirs plus pressans de la gloire du Seigneur et du salut des âmes qu'il a racheteez, jamais on ne sentit plus viuement cette saincte enuie de conuertir les pécheurs, de sanctifier les justes, de faire cesser les désordres, de faire régner les vertües ; mais comme il avoit puisé dans le cœur de Jésus-Christ les flammes dont le sien étoit embrâsé et qu'il auoit trauaillé longtems à amortir le feu de son tempérament, on voyait dans les saillies les plus impétueuses de son zèle un mélange de force et de douceur, de hardiesse et de séuérité, de compassion et de fermeté, une facilité, une latitude de cœur qui luy fesoit embrasser toutes les occasions de faire le bien qui étoit à sa portée et de s'appliquer aussi fortement à chacune que s'il n'auoit jamais connu que celle-là.

Que n'a-t-il pas fait pour surmonter les obstacles qu'il a trouuez à la conuersion des sauvages ? D'un côté ces pauures néophytes recevoient la vie de la grâce par le ministère des missionnaires, et de l'autre ils recoiuoient la mort de l'ame par un commerce abominable d'eau-de-vie également funeste aux vendeurs et aux acheteurs, et qui jusqu'icy a fait amortir presque tous les fruits du zèle des ministres évangéliques. Quelle fut l'indignation de ce Moyse à la vue du veau-d'or ? avec quel courage et quelle force il s'éleva contre cette idole ? que n'a-t-il pas fait pour la détruire et la mettre en cendres ? Il a employé son authorité de Pontife et les censures Ecclésiastiques, il a soutenu pendant plusieurs anneez les persécutions des gens de toute sorte d'état, qui, par intérest ou par préuention, s'étoient déclarez en faueur de ses aduersaires. Voyant que son pouuoir et sa patience étoient inutiles il a été au-delà des mers emploïer les secours et la protection des gens de bien, réueiller le zèle des seruiteurs de Dieu, réclamer la justice et la piété de notre grand monarque. Les infirmitez qui l'obligeoient il y a vingt-trois ans à se démettre de son Euesché n'ont pas pu le faire désister de cette saincte entreprise.

Ne pouuant plus agir comme Euesque il n'a pas laissé d'agir comme particulier auec la mesme force et la mesme vigueur ; enfin il a eu le bonheur auant que de mourir de voir la droiture de ses intentions reconnüe et la vérité triompher du mensonge et la traite d'eau-de-vie défendüe auec autant de séuérité et auec plus d'efficace par Louïs-le-Grand qu'elle n'auoit été par le premier Euesque de Québec (*a*).

Ne croyez pas que ce soit par figure que son zèle a été uniuersel, nul age, nulle communauté n'a été priuée de ses douces influences. Vous sauez ce qu'il a fait pour l'éducation de la jeunesse pendant le tems de son Episcopat et mesme depuis sa démission, il s'est appliqué à la régler, à la corriger, à la former. Il a laissé tout son bien au Séminaire dans la vüe

(*a*) Cette matière est traitée bien au long dans le Mémoire sur la Traite de l'eau-de-vie etc., (voyez lettre 117e.) Les mesures auxquelles l'orateur fait ici allusion sont, sans doute, l'ordonnance du Roi, du 24 mai, 1679, enrégistrée au Conseil Supérieur, régistre A, fol. 78, intitulée " Défense de porter de l'eau-de-vie aux Sauvages des bourgades éloignées," et l'édit du même monarque "portant défense d'aller en traite aux habitations sauvages dans la profondeur des bois." Elle se trouve au régistre précité, folio 80.—*Note du Copiste.*

qu'il entreroit dans ses intentions et qu'il perpétueroit sa bonne volonté à éleuer ses enfans dans la piété lorsque leur esprit commence à s'ouvrir, le remplir de ses principes de la religion et y faire entrer le Christianisme avec les élémens des sciences, les faire croistre en lumière à mesure qu'ils croissent en age et en raison, faire cela dans un paїs où la plupart des parens ne le sauroient faire, les uns faute de biens, les autres faute d'éducation, c'est, si je ne me trompe, pratiquer la charité la plus pure, la plus utile et la plus parfaite et par conséquent donner au zèle toute l'étendue dont il est capable puisque le zèle n'est que la perfection de la charité.

Sa charité n'a pas été moindre à l'égard du sèxe; que n'a-t-il pas fait pour le mettre dans la déuotion et dans la retenue qui en font la gloire et l'ornement. C'est pour cela qu'il a établi la feste de la Ste. Famille et qu'il luy a prescrit des règles qui sont de puissans ramparts contre la vanité et la corruption du siècle *(a)*. C'est pour cela qu'il a fixé et authorisé l'établissement des Sœurs de la Congrégation dans l'Isle de Montréal. C'est pour cela que tout enseveli qu'il était dans la solitude il en est sorti pour se joindre à Mgr. de St. Valier, son digne Successeur, lorsqu'il voulut établir ces mesmes Sœurs dans l'église de la Basse-Ville de Québec.

(*a*) Voyez la note N, à la fin du volume.

Ne vous souuient-il pas, Messieurs, d'avoir vu ces deux prélats l'un arriuant de France où il étoit allé pour le bien de son dioceze, l'autre sortant de son désert où il priait sans cesse pour le bien du mesme dioceze, entrer en communauté de zèle et de travaux, tantost pour l'établissement de l'Hospital-Général, tantost pour celuy des Trois-Rivières. Une fois pour les petites écoles de Québec, une autrefois pour les Missions du Mississipiz. Il me semble que j'entends ces deux Prélats s'entre-dire l'un à l'autre ce que l'épouse dit à l'époux dans le cantique: " *Veni dilecte mi, ingrediamur in agrum,*" venez, mon bien aimé, entrons dans le champ de ce vaste diocèze au service duquel nous nous sommes tous les deux déuoüez, ne pourrions-nous pas trouuer quelque ouuerture pour percer les ténèbres dans lesquels viuent tant de nations nouuellement découuertes. N'y aurait-il pas icy de sujet propre pour aller porter le flambeau de la foy dans ces régions si reculeez et pour accomplir les desseins de bénédiction que le ciel nous inspire pour le salut de ces pauures gens. Mais prenons garde qu'en secourant les extrémités du corps le cœur ne demeure abandonné. Voyons si dans les paroisses de la colonic française les ames y sont bien nourries, si elles y font quelque progrès dans le Christianisme. Etablissons dans chacune autant qu'il se pourra des Sœurs de la Congrégation qui trauaillent auec grace et auec succez à l'éducation des petites filles. Ce qu'elles font à l'égard du sexe, fesons en sorte que les frères de Montréal le fassent à l'égard des petits garçons. Qu'on me laisse aller mourir dans la maison de ces frères, disoit notre illustre mort, c'est un ouurage qui a été tout visiblement inspiré de Dieu. Je mourray content pouruu qu'en mourant je puisse contribuer quelque chose à former ou soutenir cette maison. *Mane surgamus ad vineas videamus si vinea floruit.* Entrons dans les vignes du Seigneur, dans les communautés religieuses, ne pourrions-nous point nous prévaloir des fruits que produisent la prière et la mortification. N'y a-t-il point de sujets assez murs et assez avancez pour estre transplantez à l'Hospital-Général qui ne peut subsister s'il n'est conduit par des personnes désintéresseez et pleines d'amour pour les pauvres (*a*). Les Religieuses Ursulines ne pourroient-elles point nous donner un détachement pour la petite ville des Trois-Rivières où il est à craindre que le sèxe ne languisse dans l'ignorance et dans l'oisiveté, faute d'exemple et d'instruc-

(*a*) Il s'agit ici de l'établissement des *Frères Charrons*, fondé à Montréal, en 1692, par François Charron, originaire de Blois, en France, lequel établissement n'ayant pu se soutenir fut remplacé par la fondation que Madame veuve Youville fit de l'Institut des *Sœurs Grises*. Mde Youville prit vers 1748 l'administration de l'Hôpital-Général fondé par le Frère Charron.—Pour plus amples détails lisez la lettre 27e, qui contient à peu près tout ce qu'on peut dire des *Frères Charrons*.—*Note du Copiste.*

tion. Nous sommes pour employer nos soins, notre crédit, nos amis et le peu de bien que nous auons. Tel fut le zèle de nos deux prélats pour ce pauure troupeau. La mort a séparé l'un de l'autre pour toujours. Un triste accident nous tient séparé de l'autre (*a*) pour un temps dont le terme n'est connu que de Dieu. Offrons nos vœux pour tous les deux et remarquons que ce qui a donné le dernier lustre au zèle de celuy que nous auons perdu, c'est la fermeté inébranlable auec laquelle il a résisté à tout ce qui s'y est opposé. C'est icy cette ville si bien fortifiée qu'elle est imprenable, cette colonne de fer, ce mur d'airain et cet homme inuincible contre lequel se sont éleuez les prestres, les princes et le peuple de Juda et lequel ils n'ont pu vaincre parce que le Seigneur étoit avec luy.

La manière hardie et intrépide avec laquelle il s'est toujours déclaré pour le bien, luy a attiré toutes sortes de persécutions, mais aucune ne l'a pu faire plier contre l'intérest de Dieu ni altéré le moins du monde l'amour tendre et effectif qu'il a toujours eu pour ses persécuteurs. Toujours prest à repousser leurs coups et toujours prest à leur faire du bien, il a fait voir qu'il étoit la palme dont

(*a*) Mgr. St. Valier était passé en France quelque temps auparavant et le vaisseau sur lequel était Sa Grandeur avait été capturé par les bâtimens anglais qui le conduisirent en Angleterre. Voyez lettre 55e Mgr. S. Valier.—*Note du Copiste.*

il est parlé dans le cantique des cantiques, qui monte et qui s'élève d'autant plus qu'elle est plus chargée et qui, bien loin de succomber sous le pesant fardeau des affaires et des afflictions en deuient plus féconde et en porte des fruits plus doux et plus agréables, *ascendam in palmam et apprehendam fructus.* Méprisé, insulté, outragé, sur terre et sur mer, malgré les obligations qu'on lui avoit et contre l'ordre du souverain, il n'en a jamais paru plus foible ni plus irrité. L'oubli de ses bienfaits n'a pas empesché qu'il ne les ait redoublés et il ne s'est jamais vengé que par toute sorte de bons offices des injures qu'il avoit reçues. On l'a vu dans un vaisseau où il se comportait en François-Xavier, où en traitant les matelots et les passagers, il les nétoyoit de leurs vermines et respiroit le mauuais air et l'infection qu'ils exhaloient pour soulager les malades à bord d'un vaisseau ; on l'a vu se défaire en leur faueur de tous ses rafraischissemens et leur donner jusqu'à son lit, ses drapts, ses couuertures, et pour administrer les sacremens il exposoit sa vie et celle des personnes qui luy étoient les plus chères. On l'a vu dans ce vaisseau traité avec autant d'indignité et de mépris que le dernier des matelots, on a vu ce prélat, la gloire des prélats de son siècle, on l'a vu dans Québec, ville Episcopale de son diocèze, affiché, dénoncé au son du tambour comme un criminel de lèze-majesté. La fureur des loups luy a jamais fait perdre la douceur d'agneau; mais il a eu le bonheur de changer luy-mesme en agneaux par ses prières et par sa patience quelques-uns de ceux qui par leurs fureur et emportemens paroissoient estre des loups. C'est aux apostres que Dieu a communiqué le don de faire ces sortes de métamorphoses; il ne faut pas s'étonner s'il en a fait part à l'un de leurs successeurs qui les a imités de fort prest, non-seulement dans leur zèle mais encore dans leur pauureté. J'ai autant de témoins que d'auditeurs de la vérité de cette proposition. La grace auoit tellement pris dans le cœur de ce prélat la place des inclinations de la nature corrompue qu'il sembloit qu'il fut né avec une telle auersion pour les richesses, pour les plaisirs et pour les honneurs, si vous avez remarqué quels étoient ses habits, ses meubles, quelle étoit sa table, vous n'ignorez pas qu'il fut ennemi déclaré du faste et de l'éclat. Pas un pauure curé de France qui ne soit mieux nourri, mieux vêtu, mieux meublé que n'étoit l'Euesque de Québec. Bien loin d'auoir un équipage conuenable à sa qualité et à sa dignité, il n'auoit pas seulement un cheual à luy. Et lorsque sur la fin de ses jours que son grand âge et les infirmités ne luy permettoient pas de marcher, s'il vouloit sortir, il lui falloit emprunter une voiture. Pourquoy cette épargne ; pour avoir un magasin garni de hardes, de souliers, de couuertures qu'il distribuait gratuitement auec une bonté et une prudence véritablement paternelle. C'est un commerce qu'il n'a jamais interrompu, pour lequel il ne s'est jamais fié qu'à lui mesme et dont il s'est meslé jusqu'à la mort.

Ce n'est pas sans une grande raison que la providence a permis qu'il s'appelast FRANÇOIS ; car il a eu des vertües de tous les saincts de ce nom. Le zèle de S. François-Xavier, la pauvreté de S. François d'Assise, la charité de S. François de Sales, la mortification de S. François de Borgia ; mais on peut dire que la pauvreté estoit sa chère maîtresse et qu'il auoit pour elle des transports dont il n'étoit pas le maître. A peine fut-il arriué de France pour la première fois, à peine fut-il débarqué qu'il vole au secours des pauures de l'Hospital. Leur ressemblance avec le fils de Dieu dont ils sont les plus viues images est pour lui un aimant auquel il ne peut résister. Nulle prière, nulle considération ne peut l'empescher de se loger au bout de leur salle, d'aider tous les jours à faire leurs lits, à balayer les salles, à leur rendre tous les services les plus abjects. Ayant été obligé de quitter cette demeure parcequ'elle étoit trop étroite pour ses Ecclésiastiques qui demeuroient avec luy et qui en ce temps là ne pouvoient demeurer ailleurs. Lorsqu'après quelques anneez les choses furent changeez, il retourna à l'Hôpital pour y demeurer toujours. On n'osa s'opposer à cette résolution de peur de faire trop de violence à son attrait et à sa ferveur ; il fallut laisser passer du tems et employer les négociations de quelques personnes de piété pour le faire revenir au Séminaire.

Au fort de l'hiver il trouve un petit garçon ayant les pieds nuds et le reste du corps fort mal couvert. Touché de cet objet que sa foy lui représenta sans doute comme le très-saint enfant Jésus, il amène cet enfant dans sa chambre, il luy laue les pieds, il les luy baise auec tendresse et auec une déuotion charmante. Il ne se contente pas de luy donner des bas et un capot, il le chausse et, luy ayant fait un paquet de ses haïllons, il le renvoye aussi satisfait qu'on peut l'imaginer.

Rien n'éloigne plus des plaisirs que la pauvreté ; mais quand on y joint la mortification c'est pour faire un diuorce parfaict auec eux. Cilice, discipline, coucher sur la dure, prendre sur son sommeil, se lever tous les jours en tout tems à trois heures du matin malgré la rigueur du climat, faire la fonction de portier dans l'église tous les jours, en ouvrir les portes, allumer les lampes, s'acquitter parfaictement bien des fonctions d'infirmier dans le Séminaire, faire les licts des malades, les leuer, les coucher, panser leurs plaies, ouvrir les pustules de ceux qui auoient la petite uérole, passer tous les jours plusieurs heures deuant le S. Sacrement, assister à tout l'office diuin auec une exactitude inuiolable; c'étoit la manière dont ce premier Euesque se délassoit des fatigues que luy procuroit son zèle. On peut mesme dire qu'il a été le martyr de son assiduité à l'église; car la maladie dont il est mort a été causée par le froid qu'il eut le Vendredi-Sainct, pour auoir voulu demeurer pendant tout l'office dans l'église malgré un des plus grands froids qu'il ait jamais fait en Canada, le plus froid pays qui soit habité par des Européens. Plein d'amour pour la pauvreté et pour les souffrances de Jésus-Christ, comment auroit-il gousté les honneurs du siècle? Y a-il quelqu'un dans ce dioceze qui n'ait pas senti et éprouvé l'opposition extraordinaire qu'il auoit aux louanges? L'a-t-on jamais pu louer impunément? Que n'at-il pas fait, que n'a-til pas dit pour rompre les desseins qu'on auoit de rendre quelque hommage à sa vertüe? Si je n'étois rasseuré par le S. Esprit qui loüe les justes quand ils sont hors de danger de cesser de l'estre et qui par l'ordre de l'église dans cette cérémonie lugubre m'ouvre la bouche pour adoucir la douleur de tant d'enfans qui ont perdu leur père, je craindrois que le corps de ce prélat qui est déposé devant cet autel ne se ranimast et que sa langue ne reprist l'usage de la parole pour me faire des plaintes amères, que je fais après sa mort ce qu'il n'a pu souffrir pendant sa vie.

Il aurait été à souhaiter qu'un Euesque de ce caractère eust été immortel. Il est mort agé de quatre-vingt-cinq ans, il y en a près de cinquante qu'il est venu dans ce païs ; il y est regretté comme si la mort l'auoit enleué à la fleur de son age. C'est que la vertüe ne viellit point, elle a toujours de nouveaux agrémens ; d'un autre costé le ciel auoit trop de droit de le posséder pour nous le laisser plus longtems. Et de peur que la saincteté de Dieu qui trouve des taches dans les anges mesmes n'en trouvast dans cette grande ame, il a pris soin de la purifier par des coups d'autant plus sensibles qu'ils sont tombés sur une maison dont la ruine pouvait être funeste au Clergé du diocèze. Le clergé est le fils bienaimé de cet Abraham dans lequel on luy a promis que toutes les nations seroient bénies, il a été deux fois sur le point de le voir perdre par les deux incendies du séminaire qui en a été le soutien. C'est dans ces occasions que son grand cœur a paru ce qu'il étoit et que sa constance a surpassé les grandes idées qu'on auoit conçues d'elle dans un temps où tout le monde était troublé pour l'amour de luy. Non seulement il parut avec cet air serein et tranquille et auec ce visage ouvert et riant que Tertullien donne à la patience ; mais il a consenti à l'entière destruction de cette maison qui luy a cousté des sommes et des peines immenses, il a étendu la main sur la victime qui luy étoit la plus chère en agréant qu'elle fut immolée au Seigneur pour qui il l'auoit uniquement éleuée, espérant contre toute espérance comme le premier et le plus grand de tous les Patriarches dont il a été une si belle copie. Il n'a pas douté qu'un ouvrage qui auoit été fait par une espèce de miracle de la prouidence qu'on auoit eu nul sujet d'attendre, venant à périr, ne pust estre facilement refait par un autre misérable, *non pubitavit quod sibi dari potuit immolatus non speratus* (*S. Aug. lib.* " *De civitate dei.*")

Vous ne vous estes pas trompé, grand prélat, Dieu ne voulait pas détruire l'ouvrage de votre séminaire, il voulait mettre la dernière main à l'œuvre de votre sanctification et qu'au dernier moment de votre vie vous fussiez trouvé selon son cœur, *ut a te secundùm cor tuuam inveniri merear.* Ce sont les termes de l'oraison de la Ste. Famille qu'on prononçait auprès de ce grand seruiteur de Dieu lorsqu'il a rendu sa grande ame à celuy qu'il a si fidèlement serui. Est-il possible qu'il soit mort cet homme qu'on auoit tant de plaisir de voir viure et dont la mémoire ne mourra jamais? Non, il est encore viuant dans la maison à la destruction de laquelle il s'est si humblement et si généreusement soumis. Cette maison où Dieu y est serui avec tant de ferueur et d'exactitude, où les sacrés mystères se célèbrent auec tant d'ordre et de magnificence, cette maison riche héritière des vertües de son illustre fondateur, qui en étoit tout plein et qui possède de son esprit encore plus réellement que son cœur, sera une source éternelle de bénédictions pour ce continent, *in semine tuo benedicantur ommes fines terræ.* C'est assez pour la soutenir qu'il y ait laissé des sujets formez de sa main qui ont été témoins de ses actions. L'histoire sera une mère féconde qui multipliera les enfans de François de Laval, comme les étoiles du ciel, les grains de sable de la mer.

Pour nous, Chrétiens auditeurs, qui sçauons ce que ce grand homme a fait pour gagner le ciel, songeons à ce que nous fairons nous-mesmes pour honorer sa mémoire, l'éloge des serviteurs de Dieu est un engagement à les imiter. Que seruira d'auoir eu un père si fidèle si nous ne marchons sur ses pas et si, au lieu de nous prévaloir de cet auantage nous augmentons nostre condamnation en nous éloignant de ses exemples? C'est ce que feront ceux qui, s'obstinant contre les ordres du ciel, et contre l'autorité des puissances de la terre, à porter le poison de l'ivrognerie dans les missions des Sauvages, et à faire blasphémer le nom de Jésus-Christ parmy ces prosélytes dont le grand prélat a eu tant à cœur la conversion. C'est ce que fairont les fondatrices et les nourrices de la vanité à laquelle il a déclaré une si saincte guerre. C'est ce que fairont les pères et les mères qui ne voulant ny corriger ny instruire leurs enfans empeschent qu'on ne passe l'un et l'autre dans les écoles qu'il a si sagement établies. Mais pourquoi menacer un troupeau qui, étant dans la désolation d'auoir perdu son premier pasteur, est infailliblement pénétré de regret d'avoir négligé ses avis et determiné à les suivre désormais. Tirons de plus heureux augures de sa douleur et du crédit qu'a auprès de Dieu celuy qui en est le légitime objet. Il a tout sujet d'espérer que tandis qu'il sera couronné dans le ciel par le père des miséricordes, ses enfans le couronneront sur la terre en se corrigeant de leurs défauts dont il les a repris et en pratiquant les vertües dont il leur a laissé un si beau modèle.—*Amen.*

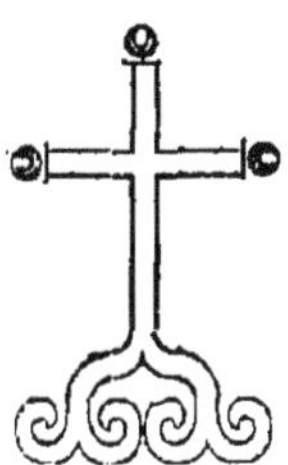

NOTES ET ECLAIRCISSEMENS.

A.

M. l'abbé de Montigny avait un talent merveilleux pour appaiser les différens: aussi réussissait-il à les éteindre en peu de temps. On cite que pendant son séjour à Caen, une communauté de Religieuses, établie en cette ville, se montrait indocile aux avis de son chef spirituel. Un bon prêtre qui avait été envoyé pour leur prêcher une retraite, pour les faire entrer dans l'ordre, se vit par elles accusé de prêcher des doctrines hétérodoxes; et, peu après son départ, elles firent courir le bruit qu'il donnait dans les écarts des sectaires de l'époque, et qu'il était Janséniste. L'ordinaire, pour rémédier aux maux qui résultaient de cette insubordination, et pour appeler celles qui se disaient *les servantes du Seigneur* à des sentimens plus dignes de leur état, députa vers elles M. de Laval, abbé de Montigny, qui se conduisit avec tant de douceur et de prudence, qu'il réussit en peu de temps, non-seulement à ramener le calme dans la communauté, mais à y effectuer une réforme, je veux dire, un changement qui fut édifiant et durable. Le Père de la Colombière, dans son oraison funèbre de ce vertueux ecclésiastique, fait allusion à ce trait.

Lorsque le succès qu'avait eu auprès de ces religieuses l'abbé de Montigny fut bien constaté, il fut désigné par l'Evêque de Caen pour régler les affaires temporelles des Dames Hospitalières de cette ville. Dans le but de construire de nouvelles salles, et de mettre un plus grand nombre de lits à la disposition des malades, ces femmes charitables se condamnaient à des privations de tous les genres. Désireuses qu'elles étaient d'effectuer au plustôt le projet qu'elles méditaient en faveur des pauvres, elles avaient cherché à intéresser à leur plan quelques ames bienveillantes; mais au moment où elles se disposent à commencer à construire, et à mettre à exécution le plan que la charité leur a suggéré, et que la générosité de leurs amis leur a permis d'effectuer, voilà qu'on y met des entraves, et que des personnes haut placées, dont elles auraient dû espérer un concours efficace, s'opposent à l'exécution du projet, et veulent même s'emparer de leur bien, sous prétexte de soutenir l'établissement avec plus d'économie. Comme si l'expérience n'attestait pas hautement que les communautés religieuses se soutiennent, et peuvent subsister sur un meilleur pied, avec moins de dépenses lorsque la gestion de leur revenu est confiée à des personnes du sexe, plutôt qu'à des mains laïques, dont les soins sont partagés entre différentes affaires de différent genre. Quoiqu'il en soit, M. de Laval en cette circonstance, cédant aux instances de son Evêque, s'enquit des titres des religieuses à la possession des biens de leur hospice et rédigea, à l'appui de leur droit, des factums ou mémoires clairs, intéressans et conclusifs. On trouve en les lisant qu'un esprit méthodique, réfléchi et nourri, avait présidé à la composition de ces pages. Aussi les religieuses furent maintenues dans la possession de leurs propriétés.

Nous ignorons pourquoi M. de la Colombière a interverti l'ordre dans lequel ces deux faits se sont passés.

B.

LE VENERABLE OLIER.

Jean-Jacques Olier de Verneuil, naquit à Paris, Samedi, 20 septembre, 1608. Son père, d'abord secrétaire de Henri IV, maître des requêtes ordinaires de son Hôtel, l'éleva avec beaucoup de soin. Devenu adolescent, il se destina à l'état ecclésiastique, se lia intimement à S. Vincent de Paul et s'unit à un certain nombre de prêtres avec lesquels il avait coutume de prêcher des retraites, et de donner des missions. Il fonda, en 1645, le séminaire de S. Sulpice de Paris. Le Roi approuva cet établissement par lettres-patentes, la même année, et le confirma par celles du mois de juin, 1646. Les maisons de cette illustre compagnie se sont multipliées en France, du vivant même du vertueux fondateur. Ayant formé le projet de se consacrer aux missions de la Chine, pour y travailler à la conversion des idolâtres, il fut contrarié dans ce dessein ; mais Dieu l'en dédommagea en lui accordant de voir ses enfans réussir à établir une maison de son institut à Montréal, en ce pays, alors occupé par des tribus barbares. Il aurait même voulu y bâtir à ses frais une ville, qui fût le siége des missions, et qui pût protéger les sauvages qui, convertis à la foi, auraient cherché auprès des missionnaires, un abri contre les persécutions de leurs frères. Le Père C. Leclerc, dans son "Histoire de la propagation de la Foi en Canada" loue cette œuvre, et dit que de tous les projets formés pour la conversion des sauvages, il n'y en a jamais eu de mieux concerté, de plus solide et de plus désintéressée. Dans le but d'exécuter son dessein, M. Olier s'associa au Sieur Jérôme de la Dauversière, qui avait conçu le projet de fonder un hôpital en la Nouvelle-France. De la Dauversière fut nommé procureur de l'association, et acquit de Jean de Lauzon, qui fut plus tard

Gouverneur du Canada, l'Isle de Montréal, que lui avait donné la Compagnie du Canada. Dauversière en fit don à la *Société* dite *de Montréal*, le 17 août 1740. Les associés se hâtèrent, par le conseil d'Olier, d'envoyer au Canada une trentaine de familles pourvues d'outils, d'instrumens de culture, etc., sous la conduite de Paul de Chomédy, Sieur de Maisonneuve, homme dè guerre. La petite colonie arriva à Québec en Juin, 1641, (*Relation de ce qui s'est passé en Canada*, 1642.) Au mois de février, 1642, Olier mit sa société sous la protection de la Ste. Famille.

Après avoir hiverné à Québec, les colons destinés à fonder Montréal, en reprirent la route au printemps de 1642, et dès leur arrivée en l'Isle, ils y construisirent un oratoire, couvert en écorces, où se célébra la première messe dite à Montréal. Ainsi commença cette ville qui promet de devenir opulente.

Marguerite Bourgeois vint peu après y fonder sa *Congrégation pour l'Instruction des petites filles*. Olier avait de plus singulièrement à cœur l'établissement d'un hôpital à Montréal; aussi les dames de l'Hôtel-Dieu ne tardèrent pas à prendre possession d'un hospice fondé par Mlle. Mance.

Comme Montréal était établi pour être le centre des missions de l'Est et de l'Ouest, mais plus particulièrement de celles des grands lacs, Olier désirait y fonder un Evêché, et y construire un séminaire. A cet effet, il envoya, de Paris, M. l'abbé Quaylus pour y jeter les fondemens d'une maison de son ordre. Il était accompagné de M. Gabriel Souard, qui était chargé de faire les fonctions curiales à Montréal.

En 1652, *La Société de Montréal* désira renoncer à la propriété de l'Isle de Montréal, qui était trop dispendieuse; mais Olier engagea ses membres à continuer une œuvre si avantageuse au bien spirituel des Indiens. Cependant en 1663, voyant que tout le monde se refusait à soutenir la colonie de Montréal, il consentit à devenir seul possesseur de l'isle. La societé lui en fit cession par contrat, le 9 mars. Cette donation fut alors onéreuse à la Compagnie de S. Sulpice, qui se vit obligée d'encourager le défrichement des terres, d'aider à la construction des églises, de pourvoir à l'entretien des missionnaires. La ville prend accroissement, sa population augmente rapidement et tout y est dans un état prospère. Voilà qui vous suffit sur l'œuvre de Montréal en tant que M. Olier y est concerné; nous reviendrons sur les monumens de cette ville florisante. Pour ce qui est du vertueux Olier, il mourut à Paris, en odeur de sainteté, le 2 avril, 1657. Le Père Giry a donné une vie très intéressante de cet homme illustre: Je vous y réfère.

C.

M. H. Le Gauffre avait travaillé activement à l'érection de Montréal en ville épiscopale. Prêtre et successeur du Père Bernard (voyez Godescard, 26 mai,) qui avait fondé le Séminaire des Trente-trois à Paris, il avait beaucoup favorisé les missions, surtout celles de l'Amérique, auxquelles il appliquait tous ses revenus. Il s'était hâté, dès le principe de faire partie de la société formée pour la colonisation de Montréal, et pour la conversion des barbares. Il venait d'être désigné pour être le premier Evêque de Montréal, lorsque la mort le surprit, ce qui fait que certains écrivains lui donnaient la qualification de *Monseigneur*, et même l'appellent *l'Evêque Le Gauffre.* Par son testament, il avait laissé 10,000 livres pour le soutien de l'Evêque futur de Montréal et du chapître qu'il y créerait. On voulut hâter la nomination d'un successeur à M. Le Gauffre, en sa qualité d'Evêque (désigné par la Reine) de Montréal, et la Cour jeta les yeux sur M. de Laval, pour être premier Evêque de la dite ville. Cependant des oppositions suscitées par diverses personnes retardèrent l'érection de Montréal en Evêché et le sacre de M. de Laval, qui devait en être le titulaire......Le Gauffre nous a laissé la vie du Père Bernard, communément appelé le *Pauvre Prêtre.*

D.

A la page 33 de cet opuscule, il est fait mention de la correspondance de Louis XIV, et de la Cour de Rome, relative à l'érection de Québec en Evêché. Nous nous proposions de la mettre sous les yeux de nos lecteurs ; mais outre que l'espace ne nous permet pas de la reproduire en entier, nous y trouvons peu de choses relatives à l'Eglise de la Nouvelle-France. D'ailleurs le mauvais état dans lequel sont ces liasses, nous laisse peu d'espoir d'en tirer quoique ce soit.

Le tirage complet des cinquante premières pages était fait lorsque nous nous sommes aperçu que nous ne pouvions plus supprimer notre lettre D de référence dans le corps de la page 33, ni mettre la note ci-dessus au bas de la page.

E.

Vers 1656, le Père de Rhodes, missionnaire infatigable, qui signalait son zèle dans les missions de la Chine, vint en Europe, exposer à Sa Sainteté, le Pape INNOCENT X, le désir qu'il avait que de nouveaux ouvriers évangéliques lui fussent adjoints et que des Evêques fussent préposés à la régie de ses missions aux Indes-Orientales, afin que les naturels du pays fussent promus au sacerdoce. Le Pontife agréa les propositions du missionnaire et lui permit de choisir trois sujets capables de remplir la charge épiscopale dans ces missions lointaines. Le Père de Rhodes, qui connaissait le mérite des disciples formés à *l'hermitage de Caen*, se rendit en France pour leurs proposer de s'unir dans le but de favoriser l'œuvre des missions. Ils accédèrent tous et généreusement aux vues du Père Jésuite et MM. Pallu, Laval de Montigny et Piques, furent désignés par le Père de Rhodes pour être consacrés Evêques, et pour administrer les missions des Indes-Orientales. Cependant ce projet fut longtemps contrarié. Ce ne fut qu'un an après que M. de Laval eut été sacré Evêque de Pétrée et destiné aux missions de la Nouvelle-France, où il était rendu (en 1659,) que MM. Lamothe-Lambert, sous le titre d'Evêque de Bérythe, Pallu, sous celui de Héliopolis, et Cotolendi, sous celui de Métellopolis, furent institués Vicaires-Apostoliques des Indes-Orientales.

Cependant le dessein de se consacrer à l'œuvre des missions de la Chine ayant été contrarié, les messieurs de l'hermitage, et ceux formés dans les congrégations du Père Bagot, se décidèrent à former un corps de communauté, destiné par état à contribuer à la conversion des infidèles en éprouvant, dans une maison spécialement affectée à cette œuvre, les ecclésiastiques qui s'y présenteraient pour annoncer l'Evangile chez les peuples infidèles. Dans cette communauté on s'appliquerait à former les ouvriers évangéliques aux fonctions du saint ministère surtout aux devoirs de missionnaire, etc. Cet établissement devait se soutenir par lui-même, les directeurs en devaient administrer les biens et pourvoir à la subsistance des Ecclésiastiques envoyés dans les régions étrangères. Voilà donc que les auteurs du projet avisent à créer un établissement central qui va fournir des sujets propres à former un clergé indigène et à desservir les petites chrétientés des missions. On a vu que Dom. Bern. de Ste. Thérèse, qui plus tard fut sacré Evêque Titulaire de Babylone et nommé Vicaire-Apostolique en Perse, donna le terrain, rue du Bac, à S. Germain-des-Prés. Le Roi Louis XIV, dont le nom semble attaché à tous les établissemens de bienfaisance et à toutes les institutions religieuses de la France, voulut donner la vie à cet établissement naissant, destiné à être un des plus beaux monumens de son zèle pour la religion. Il n'hésita pas à accorder à cette fondation la sanction royale et la favorisa des dons de sa munificence. Le Prince voulut que MM. Gazil et Poitevin, qui agissaient au nom de la communauté, eussent à se pourvoir par devers l'abbé de S. Germain, qui avait alors une jurisdiction quasi-épiscopale dans son territoire, pour l'établissement de ce Séminaire en ce qui regardait le spirituel et le réglement de la maison.

Les intentions du monarque nous sont mieux développées dans divers Edits Royaux qu'il fit émaner, auxquels nous référons comme aussi aux mandemens de l'Evêque pour connaître de son but et de ses motifs.

F.

FRANÇOIS, *par la Grace de Dieu et du S. Siége, Evêque de Pétrée Vicaire Apostolique du Canada, nommé par le Roi, 1er Evêque du dit pays.*

A tous les Curés de notre dépendance ayant soin des ames, SALUT.—

Le désir de soulager les ames des fidèles qui nous sont confiées, nous ayant porté ci-devant (au mois d'octobre dernier) de faire publier une suspension d'excommunication, portée au mois de mai, 1660, contre ceux qui donnent des boissons enivrantes aux sauvages, par l'espérance qu'on nous avait donnée que les moyens que l'on avait essayés d'y apporter, seraient suffisans pour empêcher le cours d'un si grand mal; mais l'expérience nous ayant malheureusement fait voir le contraire, et le mal en étant arrivé aux derniers excès, dans tous les lieux où se rencontrent des sauvages, même au milieu de Québec, où, par suite de l'ivresse journalière des sauvages de l'un et de l'autre sexe, ils en sont venus à des meurtres inouïs et même à des violemens de personnes innocentes, qui font horreur dans leurs circonstances, tout le christianisme de cette nouvelle église étant malheureusement étouffé par ces désordres dans les âmes de ces pauvres sauvages, lesquels nous voyons, nonobstant tous les soins des missionnaires avec une douleur extrême abandonner la foi.

POUR CES CAUSES, le tout mûrement considéré, nous étant obligé par les devoirs de notre charge de nous opposer de tout notre pouvoir au torrent de ce désordre, qui mine entièrement la foi de cette église, vous enjoignons de publier aux peuples dont vous avez le soin que la suspension de la dite excommunication est ôtée, et icelle excommunication remise en force et vigueur contre tous ceux qui donnent, en quelque façon que ce soit des boissons enivrantes aux sauvages, sinon un ou deux coups par jour de la petite mesure ordinaire que l'on donne aux gens de travail français: ou en d'autre termes deux petits coups d'eau de vie par jour. Enjoignons d'exhorter un chacun de prendre garde soigneusement à soi en cela pour n'attirer point sur sa personne et sur tout le pays la malédiction du Seigneur qui n'est déjà que trop à craindre.

Donné à Québec, en notre demeure ordinaire, le 24 de février, 1662.
(Signé,) FRANÇOIS, EVEQUE DE PETREE.

Et plus bas,
Par le Commandement de Monseigneur,
(Signé,) BORGEMONT.

Nous n'ôsons multiplier les citations, ni reproduire les précis qui justifieraient la conduite du chef de l'Eglise du Canada. Ses mandemens contre l'ivrognerie, et il y en a plusieurs, ceux de Mgr. S. Valier, son successeur, étaient assez explicites, assez bien motivés pour que les trafiqueurs et leurs suppôts ne pussent prétendre ignorer les maux qui découlaient de leur trafic et pour que les censeurs de l'Evêque cessassent leurs clameurs intempestives. Nous nous bornons à reproduire ce court article de l'ordonnance de Mgr. S. Valier, du 31 d'octobre, 1690, qui " défend aux prêtres, qui administrent les sacremens, d'absoudre les cabarettiers qui vendent aux gens, sans besoin, des liqueurs fortes, et de ne les admettre aux sacremens que lorsqu'ils auront restitué les profits ou gains qu'ils ont retiré de leurs boissons en enivrant les sauvages et les blancs......"

G.

Pour avoir une idée juste des maux que causait aux missions sauvages la traite de l'eau-de-vie, il faudrait recourir aux écrits laissés par ceux qui furent les témoins des malheurs que produisit la boisson donnée outre mesure à des hommes qui n'en avaient pas fait usage dès leur bas âge. Ses effets furent toujours plus violens sur des viscères et des cerveaux vierges. Nous reférons sur ce sujet à la lettre 117e de cette collection qui traite largement des pernicieux effets de l'eau-de-vie sur le moral et sur le physique des sauvages. Nous nous bornons pour le moment à extraire les notes suivantes, qui font voir que les Missionnaires se plaignaient sans cesse à l'Evêque et aux autres personnes en autorité pour obtenir remède contre les abus des traiteurs.

Le Père JACQUES TREMIN, qui fut pendant près de trente ans employé aux missions, et qui demeura longtemps chez les Tsononthouans, à mainte reprise se plaignit de ce que l'usage des boissons abrutissait, et en peu de temps, les sauvages de sa mission. Il adressa à ce sujet plusieurs lettres à M. de MESY, et tenta divers moyens pour empêcher les traiteurs d'aller jusqu'à sa mission, " vu que leur commerce ruinait ses néophytes et causait dans la tribu de très graves déréglements........................."

PERE CLAUDE ALLOUEZ, Jésuite, qui avait voyagé presque jusqu'à la mer du Nord, dit, dans ses relations, "que les sauvages rendus dans l'intérieur se plaignaient de ce que *l'eau de feu* ruinait leur santé. Ils lui déclaraient que quoique le goût en fût détestable, ce liquide leur procurait des sensations douces et agréables d'abord; mais qu'après en avoir fait usage une fois ou deux elle les tourmentait violemment..............."

Le Père JOSEPH MARQUET, qui a vécu longtemps au pays des Iroquois, déplore dans ses lettres les tristes effets que produit chez les peuplades sauvages l'usage des boissons enivrantes, et demande sans cesse "qu'on avise aux moyens de mettre un terme à la rapacité de ceux qui vendent si cher une boisson qui cause tant de désolation...."

Le Révd. Père ANDRE' PEARRON, ou, selon d'autres chroniqueurs, Pierron; stationné à la mission des Agniers avait de beaux talens pour la peinture. Ses tableaux, auxquels il se livrait dans ses momens de loisir, produisaient un effet magique sur les esprits des sauvages qui professaient le plus grand respect pour leur missionnaire et le regardaient comme "le plus grand génie du monde." Cependant ils lui étaient indociles lorsqu'ils voyaient approcher quelque traiteur auprès de leur village....Il fut obligé de se plaindre au Gouverneur de la Nouvelle-York de la conduite des traiteurs anglais "et le Gouverneur écouta sa demande bénignement, dit-il, et prit des mesures pour réprimer le commerce des trafiqueurs de pelleteries en eau-de-vie."

Les Pères BRIAS et CARHIAL, qui étaient employés auprès des Onnontagués tinrent toujours bon compte à ces barbares de l'accueil qu'ils firent aux ministres de l'évangile; mais aussi regrettèrent longtemps que les progrès de la foi parmi eux fussent interrompus par les traites d'eau-de-vie qu'ils fesaient trop fréquemment avec les Anglais de la Nouvelle-Hollande........Ils disent que "ces hommes devenus des monstres ou plutôt transformés en démons par l'usage des boissons se livraient à des meurtres continuels..........................."

H.

FRANÇOIS, par la Grace de Dieu et du Saint Siége, Evêque de Pétrée, Vicaire-Apostolique en Canada, dit la Nouvelle-France, nommé par le Roi premier Evêque du dit pays, lorsqu'il aura plu à N. S. P. le Pape y ériger un Evêché,

A tous ceux qui ces présentes lettres verront. SALUT.—

Les Saints Conciles et ceux de *Trente* particulièrement, pour remettre efficacement la Discipline Ecclésiastique dans sa première vigueur, n'ont rien trouvé de plus utile que d'ordonner le rétablissement de l'usage ancien des Séminaires, où l'on instruit les clercs dans les vertus et les sciences convenables à leur état. L'excellence de ce décrêt s'est fait voir par une expérience toute sensible, puisque le grand St. *Charles de Boromée* qui l'exécuta le premier, bientôt après ce Concil, et plusieurs Evêques qui ont suivi son exemple ont commencé de redonner au Clergé sa première splendeur, particulièrement en *France ;* ce moyen si efficace pour réformer la conduite Ecclésiastique dans les lieux où elle s'étoit affoiblie, nous a fait juger qu'il ne seroit pas moins utile pour l'introduire où elle n'est pas encore, qu'il l'a été dans les premiers siècles du Christianisme ; A ces causes considérant qu'il a plû à la Divine Providence nous charger de l'Eglise naissante du *Canada* dit la *Nouvelle France ;* et qu'il est d'une extrême importance dans ses commencements de donner au Clergé la meilleure forme qui se pourra pour perfectionner des ouvriers, et les rendre capables de cultiver cette nouvelle vigne du Seigneur, en vertu de l'autorité qui nous a été commise, nous avons érigé et érigeons dès à présent, et à perpétuité, un Séminaire pour servir de Clergé à cette nouvelle Eglise, qui sera conduit et gouverné par les supérieurs que nous ou les Successeurs Evêques de la Nouvelle-France y établiront, en suivant les réglements que nous dresserons à cet effet ; dans lequel on élèvera et formera les jeunes Clercs qui paroîtront propres au service de Dieu, et auxquels, à cette fin, on enseignera la manière de bien administrer les sacremens, la méthode de cathéchiser et prêcher apostoliquement, la Théologie morale, les cérémonies, le plain-chant grégorien, et autres choses appartenantes au devoir d'un bon Ecclésiastique ; et en outre, afin que l'on puisse, dans le dit Séminaire et Clergé, former un Chapître qui soit composé d'Ecclésiastiques du dit Séminaire, choisis par nous, et les Evêques du dit pays qui succèderont, lorsque le Roi aura eu la bonté de le fonder ; ou que le dit Séminaire de soi, aura le moyen de fournir à cet établissement par la bénédiction que Dieu y aura donnée, nous désirons que ce soit une continuelle Ecole de vertu et un lieu de réserve, d'où nous puissions tirer des sujets pieux et capables pour les envoyer à toutes rencontres, et au besoin dans les paroisses, et tous autres lieux du dit Pays, afin d'y faire les fonctions curiales, et autres, auxquelles ils auront été destinés, et les retirer des mêmes paroisses et fonctions quand on le jugera à propos, nous réservant pour toujours et aux Successeurs Evêques du dit Pays comme aussi au dit Séminaire par nos ordres, et des dits Sieurs Evêques, le pouvoir de révoquer tous les Ecclésiastiques qui seront départis et délégués dans les paroisses et autres lieux, toutes fois et quantes qu'il sera jugé nécessaire, sans qu'aucun puisse être titulaire, et attaché particulièrement à une Paroisse, voulant au contraire qu'ils soient de plein droit, amovibles, révocables et destituables à la volonté des Evêques et du Séminaire par leurs ordres, conformément à la sainte pratique des premiers siècles, suivie et conservée encore à présent en plusieurs Diocèses de ce Royaume ; et d'autant qu'il est absolument nécessaire de pourvoir le dit Séminaire et Clergé d'un revenu capable de soutenir les charges et les dépenses qu'il sera obligé de faire, nous lui avons appliqué et appliquons, affecté et affectons dès à présent et pour toujours toutes les Dixmes de quelque nature qu'elles soient, et en la manière qu'elles seront levées dans toutes les Paroisses et lieux du dit Pays pour être possédées en commun et administrées par le dit Séminaire suivant nos ordres et sous notre autorité, et des successeurs Evêques du pays, à condition qu'il fournira la subsistance de tous les Ecclésiastiques qui seront délégués dans les paroisses et autres endroits, du dit Pays, et qui seront toujours amovibles, et révocables au gré des dits Evêques et Séminaire par leurs ordres ; qu'il entretiendra tous les dits Ouvriers évangéliques, tant en santé qu'en maladie, soit dans leurs fonctions, soit dans la Communauté, lorsqu'ils y seront rappelés ; qu'il fera les frais de leurs voyages, quand on en tirera de France, ou qu'ils y retourneront, et toutes ces choses suivant la taxe qui sera faite par nous et les Successeurs Evêques du dit Pays, pour obvier aux contestations et aux désordres que le manque de règle y pourroit mettre ; Et comme il est nécessaire de bâtir plusieurs Eglises pour faire le service divin, et pour la commodité des fidelles, nous ordonnons, sans préjudice néanmoins de l'obligation que les peuples de chaque paroisse ont de fournir à la bâtisse des dites Eglises, qu'après que le dit Séminaire aura fourni toutes les dépenses annuelles, ce qui pourra rester de son revenu, sera employé à la construction des Eglises, en aumônes et en autres bonnes œuvres pour la gloire de Dieu, et pour l'utilité de l'Eglise, selon les ordres de l'Evêque, sans que toute fois, nous ni les successeurs Evêques du dit pays, en puissions jamais appliquer quoique ce soit à nos usages particuliers, nous ôtant même et aux dits Evêques la faculté de pouvoir aliéner aucun fonds du dit Séminaire en cas de nécessité, sans l'exprès consentement de quatre personnes du corps du dit Séminaire et Clergé, savoir, le Supérieur ses deux Assistants et le Procureur.

En foi de quoi nous avons signé ces présentes, et y avons fait apposer notre sceau.

Donné à Paris, le vingt-six Mars, mil six cent soixante-et-trois.

(Signé,) † FRANÇOIS, Evêque de Pétrée.

Et scellé du sceau de ses armes.

(Ins. Cons. Supr. Régistre A, fol. 3.)

I.

APPROBATION DU ROI

Pour l'Etablissement du Séminaire de Québec.

LOUIS, par la Grâce de Dieu, Roi de France et de Navarre.
A tous présents et à venir, SALUT.—

La résolution que nous avons prise de rentrer dans le Domaine de la Nouvelle France dite Canada et d'en prendre un soin plus particulier que jamais pour le soulagement du pays, nous fait embrasser toutes les occasions de lui procurer quelque avantage, et sçachant bien que le plus grand qu'il puisse recevoir ce sont les moyens de l'instruction spirituelle des habitants, et de la conversion des Sauvages, nous nous portons volontiers à les appuyer et les favoriser de notre autorité, avec un zèle digne du nom que nous portons de Roy très Chrétien, et de fils ainé de l'Eglise, ainsi sur ce que nous avons appris que le Sieur Evêque de Pétrée, vicaire du Saint Siége Apostolique en toute la Nouvelle France dite Canada, nommé par nous à l'Evêché du dit Pays, aussitôt qu'il aura plû à notre Saint Père le Pape de l'établir, pour s'acquitter pleinement des obligations de son Episcopât et se faire soulager dans les fonctions, auroit érigé un séminaire d'Ecclésiastiques capables de seconder ses pieux desseins pour servir de Clergé à cette nouvelle Eglise, et dans lequel on pourra fournir un chapitre composé des Ecclésiastiques du dit Clergé et Séminaire, choisis par le dit Sieur de Pétrée et ses Successeurs Evêques du dit Pays lorsque nous l'aurons fondé, ou que le dit Clergé et Séminaire aura le moyen, de fournir à son établissement, nous avons voulu concourir à ce bon œuvre, et, autoriser par ces présentes l'acte d'établissement qu'il en a fait le vingt six Mars de la présente année qu'il nous a représenté, et qu'il nous a supplié d'agréer et de confirmer pour son entière et parfaite exécution. A ces causes, savoir, faisons, qu'après avoir examiné en notre Conseil le dit Acte d'établissement et d'érection du dit Séminaire, nous n'y avons rien trouvé que d'avantageux à la gloire de Dieu et au bien de nos sujets, qu'à ces fins nous l'avons agréé, et agréons, confirmé et confirmons suivant et au désir du dit Acte, que toutes les dixmes, de quelque nature qu'elles puissent être, tant de ce qui nait par le travail des hommes, que de ce que la terre produit d'elle même, se payeront seulement de treize une et seront destitnés, et affectées irrévocablement pour toujours à la fondation et à l'entretien de ce Séminaire et Clergé, sans que le dit Sieur

Evêque ni ses Successeurs Evêques du dit pays en puissent disposer en quelques manière que ce soit pour leur usage particulier, mais seulement pour les besoins de la dite Communauté, après lesquels, ce qui restera sera employé à la construction et bâtiment des Eglises, en aumônes et autres bonnes œuvres pour le réglement et utilité de l'Eglise, par les ordres des dits Evêques, sans préjudice néanmoins de l'obligation que les peuples de chaque paroisse ont de fournir à la bâtisse des dites Eglises; que si pour quelque forte obligation il est absolument nécessaire d'aliéner quelques fonds de la dite Communauté, le dit Sr. Evêque ni ses Successeurs ne le pourront faire que du consentement des quatre premiers officiers de la dite Communauté, savoir, du Supérieur, des deux Assistants et du Procureur, pour en examiner le besoin et en souscrire l'aliénation; et pour maintenir tous les Ecclésiastiques de ce Clergé dans une totale soumission à leur Evêque, et remédier à quantité d'inconvenients que produit quelque fois la stabilité des Cures, dont le jugement ne dépend point des Supérieurs. Nous approuvons et voulons que tous ceux qui seront délégués dans les Paroisses, Eglises et autres lieux en toute la Nouvelle France, pour y faire les fonctions Curiales et autres auxquelles ils auront été destinés soient amovibles, révocables et destituables, toute et quantes fois que le dit Sr. Evêque et ses Successeurs Evêques le trouveront à propos, conformément à la sainte pratique des premiers siècles dont l'usage se conserve encore en plusieurs Diocèses de notre Royaume, à la charge que le dit Séminaire entretiendra de toutes choses nécessaires les dits Ecclésiastiques, tant en santé qu'en maladie, soit dans les paroisses ou autres lieux où ils seront envoyés, soit dans la Communauté lorsqu'ils y seront rappelés, et qu'il payera les frais de leur passage et de leur retour, lorsqu'ils seront tirés de France ou qu'ils y seront envoyés; et pour donner un solide fondement à ce Séminaire et Clergé, dont nous souhaitons la perpétuité et le bon succès pour l'avantage de cette Eglise naissante; nous l'avons approuvé et approuvons, autorisé et autorisons, rendu et rendons capables de tous effets civiles, comme les autres Corps et Communautés Ecclésiastiques de notre Royaume, pour acquérir tous Domaines, droits et actions, recevoir toutes donations entre vifs et à cause de mort, testaments, legs et autres dispositions qui seront faites en sa faveur, tant en l'Ancienne qu'en la Nouvelle France, sans payer aucunes finances pour droits d'amortissement et nouveaux acquets, dont nous l'avons déchargé et déchargeons par ces présentes à perpétuité, voulant et entendant de rechef que le dit Clergé et Séminaire jouisse de la totalité des dixmes, grosses et menues, anciennes et nouvelles, de tous les fruits généralement quelconques et sans aucune distinction, qui proviendront sur toutes les terres dans le dit pays de la Nouvelle

France ou Canada, aux charges, clauses et conditions portées par son Acte d'érection ci-attaché, sous le contre Scel de notre Chancellerie, sans que le dit Sieur de Pétrée, et ses Successeurs Evêques du dit pays puissent prétendre autre part que celle d'être les ordonnateurs de la dispensation qui s'en fera. Si donnons en mandement à nos amez et féaux Conseillers les gens tenant notre Conseil Souverain à Québec, que ces présentes ils fassent lire et enrégistrer au Greffe de notre dit Conseil et à tous Gouverneurs et autres de nos Sujets, les faire exécuter selon leur forme et teneur et du contenu en icelles faire jouir le dit Séminaire et clergé, faisant cesser tous troubles et empêchement à ce contraire. Car tel est notre plaisir; et afin que ce soit chose ferme et stable à toujours, nous avons fait mettre notre Scel à ces dites présentes, sauf en autre chose notre droit, et l'autrui en toutes.

Donné a Paris au mois d'Avril, l'an de Grâce mil six cent soixante et trois et de notre Règne la vingtième.

(Signé,) LOUIS.

Et sur le repli;—PAR LE ROI, (Signé, Le Tellier,) et scellé sur doubles lacs de soie rouge et verte, en cire verte et contrescellé sur même cire et lacs, Signé, Mésy, François Evêque de Pétrée; Rouer, Villeray, Fuchereau Laferté, Ruelle, Dauteuil.

(Signé,) PEUVRET, Greffier.

(Ins. Cons. Supr. Régistre A, fol. 4, vo.)

J.

Papiers relatifs à l'union du Séminaire des Missions Etrangères de Québec à celui de Paris.

Mandement de Mgr. l'Evêque de Québec.

FRANÇOIS, par la Grace de Dieu et du Saint Siége Apostolique, premier Evêque de Québec, Capitale de la Nouvelle-France.

En conséquence de l'érection qui a été faite du dit Evêché par notre St. Père le Pape CLEMENT X, le premier jour d'Octobre mil six cent soixante et quatorze, des Bulles appliquées qui nous en ont été expédiées le même jour sur la nomination du Roi, et du serment de fidélité par nous prêté entre les mains de Sa Majesté, le vingt trois Avril dernier. A tous présents et à venir: SALUT.—

Considérant que le Séminaire d'Ecclésiastiques par nous ci-devant érigé en la dite ville de Québec, pour les causes contenues dans nos lettres sur ce expédiées, lorsqu'étant Evêque de Pétrée et Vicaire Apostolique dans la dite Nouvelle France, l'administration de l'Eglise naissante dans le dit Pays, nous a été confiée, autorisée depuis et confirmée par lettres patentes de Sa Majesté, données au mois d'Avril mil six cent soixante et trois, régistrées au Conseil Souverain du dit Québec, pourroit dépérir, s'il n'étoit uni à perpétuité à un corps stable et ferme, d'où l'on peut y envoyer des sujets propres pour la direction du dit Séminaire de Québec, et connaissant qu'il auroit plû à Sa Majesté de consentir au contrat de donation fait par défunt Révérend Père en Dieu Bernard de Ste. Thérese, évêque de Babilone, le seize Mars de la dite année mil six cent soixante et trois, à l'effet de l'établissement d'un Séminaire d'Ecclésiastiques, pour servir à la propagation de la foi dans les pays infidèles, d'agréer et de confirmer l'établissement du dit Séminaire dans ce pays, à St. Germain Desprez, Rue du Bac, par les lettres patentes du mois de Juillet de la même année mil six cent soixante et trois, régistrées au Parlement le sept Septembre en suivant. Et qu'un des motifs de sa dite Majesté, exprimé dans les dites lettres patentes, auroit été la correspondance que nous avions déjà avec les Sieurs Poitvin et Gazil, Prêtres, Docteurs en Théologie, sous le nom desquels a été fait l'établissement du dit Séminaire des missions aux infidèles, et qu'ils étoient même nos Procureurs en France pour les affaires de la dite Eglise de la Nouvelle France, dont nous avions l'administration, comme ils l'étoient pareillement des Evêques François, Vicaires Apostoliques ès Royaume de la Chine, Tonquin et autres pays des Indes Orientales, et que d'ailleurs le dit Séminaire de Paris nous auroit fourni bon nombre d'Ecclésiastiques pour former le dit Séminaire de Québec et le remplir de personnes capables, les uns pour le diriger et gouverner et les autres pour être instruits à la mission du dit pays et y être employés par nos ordres, nous avons estimé à présent que nous sommes Evêque en titre de la dite ville de Québec et de la Nouvelle France, et que nous avons droit d'y exercer tous les pouvoirs d'Evêque Diocèsain, ne pouvoir faire chose plus conforme aux instructions de Sa dite Majesté, ni plus solidement pourvoir à la conservation du dit Séminaire de Québec dans le même esprit Ecclésiastique, et des missions, que de lui procurer la continuation du même gouvernement que nous avons déjà éprouvé si utile, en l'unissant et annexant au dit Séminaire de Paris, que la Providence Divine y a établi pour les missions étrangères, par les dites lettres patentes de Sa Majesté, d'où il a reçu jusqu'à présent son principal secours par les bons sujets qui y ont été envoyés par le dit Séminaire de Paris, et qui y ont donné depuis douze ans des preuves continuelles de leur zèle, suffisance de piété.

A CES CAUSES, et bien informé de la bonne direction du dit Séminaire de Paris pour les missions étrangères, par la vertu, zèle et capacité de ceux qui le gouvernent avec grand fruit et bénédiction. Nous avons uni et annexé, unissons et annexons à perpétuité le dit Séminaire de Québec, ses maisons, bâtiments, jardins, emplacements, seigneuries, terres possessions, réserves généralement quelconques et autres dépendances d'icelui, présents et à venir, au dit Séminaire établi à Paris, pour la conversion des infidèles, sans que le dit Séminaire de Québec ni ceux qui y sont demeurant en puissent distraire, vendre ni aliéner aucune partie, ni même les engager sans le consentement et permission des Sieurs Directeurs du dit Séminaire de Paris, qui nommeront et choisiront tel supérieur, que bon leur semblera, pour régir et gouverner selon les constitutions du dit Séminaire de Québec, lequel Supérieur prendra notre bénédiction et confirmation pour exécuter sa charge, lui donnant dès à présent toute permission et pouvoir comme aussi aux autres Ecclésiastiques Missionnaires qui seront envoyés par le dit Séminaire de Paris en celui de Québec, sous notre approbation, et de nos successeurs, d'enseigner les peuples qui nous sont commis par leurs prédications, catéchismes, administrations des Sacrements, conférences, retraites spirituelles, et autres exercices de piété, même d'aller en mission par nos ordres dans tous les lieux de notre jurisdiction, à condition toutefois d'être soumis à nous et à nos successeurs Evêques, en toutes les fonctions Ecclésiastiques qui regardent l'assistance et l'instruction du prochain, et quant au reste ils dépendront de leur Supérieur et du dit Séminaire de Paris. Et afin que ce soit chose ferme et habile à toujonrs, nous avons à ces présentes signées de notre main et contresignées de notre Secrétaire, fait apposer le Sceau de nos armes.

Donné à Paris, le dix-neuvième Mai mil six cent soixante et quinze.

(Signé,) † FRANÇOIS, EVEQUE DE QUEBEC.

Et scellé de ses armes.

Par le Commandement de mon dit Seigneur,

GLANDELES.

Acceptation de Messieurs les Directeurs du Séminaire de Paris.

Nous, Luc Fermanel, Louis Barat, Armand Poitvin et Michel Gazil, Supérieurs Directeurs du dit Séminaire établi à Paris pour la conversion des infidèles étrangers, recevons avec respect la grace que

Monseigneur l'Illustrissime et Révérendissime Evêque de Québec, capitale de la Nouvelle France, a fait à notre Séminaire par le présent acte d'union de son Séminaire de Québec au notre; et promettons d'observer et accomplir les conditions portées par icelui, en foi de quoi nous avons fait et signé le présent écrit de notre main, à Paris dans notre Séminaire, le dix-neuf Mai mil six cent soixante et quinze.

Signé, FERMANEL, M. GAZIL, Ptre.
L. BARAT, et POITVIN.

Et plus bas est écrit:

Collationné à l'original en Parchemin, et ce fait rendu par les Conseillers du Roi, Notaires Garde-nottes de Sa Majesté au Châtelet de Paris, Soussignés, ce jourd'hui treizième du mois d'Avril, mil six cent soixante seize.

(Signé,) DUPARC et KARNOT, avec paraphe.

CONSENTEMENT DU ROI POUR L'UNION DU SEMINAIRE DE QUEBEC A CELUI DE PARIS.

LOUIS par la Grace de Dieu Roi de France et de Navarre.

A tous présents et à venir, SALUT :—

Le désir que nous avons toujours eu de contribuer de tout notre pouvoir à la propagation de l'Evangile, nous ayant ci-devant porté à donner nos Lettres Patentes du mois de Juillet mil six cent soixante et trois, pour l'établissement d'un Séminaire Ecclésiastique pour les missions étrangères, sis à St. Germain Desprez, rue du Bac, qui ont été depuis régistrées en notre Parlement de Paris, le septième Septembre en suivant, nous aurions presque en même temps confirmé par nos Ordonnances, Lettres Patentes du mois d'Avril au dit an, l'établissement d'un Séminaire aussi d'Ecclésiastiques, érigé dans notre ville de Québec, capitale de la Nouvelle France, par notre amé et féal Conseiller en nos Conseils le Sieur François de Laval ci-devant Evêque de Pétrée, vicaire Apostolique dans la dite Nouvelle France, qui a depuis entretenu une continuelle correspondance avec le dit Séminaire des missions étrangères, établi à Paris, dont il a tiré de tems en tems plusieurs bons sujets et vertueux Ecclésiastiques, tant pour la conduite que pour les autres emplois du dit Séminaire de Québec; et d'autant que depuis qu'il a plu à notre St. Père le Pape CLEMENT X, d'ériger à notre instance privée le dit lieu de Québec, en Evêché et d'en pourvoir, sur notre nomination, le dit Sieur François de Laval ci-devant Evêque de Pétrée, et qu'étant à présent l'Evêque titulaire du dit Québec, il a jugé nécessaire, pour affermir l'origine et la conduite de son dit Séminaire à perpétuité, de l'unir au corps du dit Séminaire de Paris, établi pour les missions étrangères, dont il auroit fait expédier ses lettres, portant la dite union à perpétuité, données à Paris, le dix-neuvième Mai mil six cent soixante et quinze, sur lesquelles il nous auroit supplié de vouloir accorder nos lettres d'agrément et de confirmation. A ces causes et autres à ce nous mouvant, de l'avis de notre Conseil, nous avons par ces présentes agréé et confirmé, agréons et confirmons le dit acte ou lettres patentes du dit Sieur Evêque de Québec, du dix-neuf Mai mil six cent soixante et quinze, dont copie est cy-attachée, sous le contrescel de notre Chancellerie, portant union du dit Séminaire de Québec au dit Séminaire général, établi à Paris pour les missions étrangères et la conversion des infidèles, au bas desquelles est l'acceptation qui en est faite par les Sieurs Fermanel, Barat, Poitvin et Gazil pour les missions étrangères à la conversion des infidèles, Directeurs du dit Séminaire de Paris, le contenu desquels actes en tant qu'en nous est, nous voulons avoir lieu à perpétuité selon le contenu en iceux. Si donnons en mandement à nos amez et féaux Conseillers les gens tenant notre Conseil Souverain en la nouvelle France, établi à Québec, que ces présentes ils fassent régistrer pour être exécutées, gardées et observées selon leur forme et teneur, et du contenu en icelles jouir et usurper par le dit Séminaire uni, pleinement, paisiblement et perpétuellement, sans souffrir qu'il leur soit donné aucun trouble ni empêchement au contraire. Car tel est notre plaisir; et afin que ce soit chose ferme et stable à toujours, nous avons fait mettre notre scel à ces dites présentes.

Donné à Sint Germain-en-Laye, au mois d'Avril l'an de grace mil six cent soixante et seize et de notre règne le trente-troisième.

(Signé,) LOUIS.

Sur le repli est écrit : PAR LE ROI, (Signé) *Colbert*, et à côté est écrit : *visa*—Signé *Dalaigre*.

(Rég. du Conseil Sup. A. fol. 65, vo.)

On trouve au 1er Tome du Recueil de "Lettres Edifiantes" d'autres actes relatifs à la fondation du S. M. Etrangères, mais ils regardent plutôt l'histoire de cet établissement.—*Nous y référons ayant reproduit ce qui se rattache à* Mr. de Laval.

K.

DEDICACE DE L'EGLISE CATHEDRALE.

Nous avons été bien des fois étonné du peu d'accord qui règne entre les chroniqueurs, au sujet de divers évènemens dont ils parlent sans vérifier ce qu'ils allèguent, se contentant de savoir que d'autres ont dit avant eux ce qu'ils affirment. Comme ils se copiant ainsi les uns les autres, en est tenté de les croire véridiques jusqu'à ce que d'autres circonstances nous induisent à vérifier leurs autorités. La date du jour auquel se fit la dédicace de l'Eglise cathédrale de Québec a été souvent diversément citée, on l'a confondue avec la date à laquelle la célébration en a été remise.

Ce n'est pas le 2 juillet que cette édifiante cérémonie eut lieu, comme il est dit dans certain relevé des papiers de la Fabrique de Québec.

Ce n'est pas le 16 ni le 18 comme il est dit par le Père Ragueneau et par l'annotateur H. P., mais c'est le onze du dit mois de juillet, comme on doit en être convaincu par la copie suivante de l'Acte qu'en a dressé le Prélat qui fit la cérémonie, et dont nous sommes redevables à la bienveillante attenion d'un monsieur du Clergé de cette ville. Ci suit le document :

" Anno Domini 1666, undecimâ die Julii, Ego Franciscus de Laval, " Eppùs. Petrœensis, Vicarius Apostolicus in Novâ Franciâ et ejus- " dem regionis à Rege Christianissimo Ludovico XIII Primus Epûs- " nominatus, consecravi Ecclesiam et altare in Honorem Beatæ " Mariæ Virginis sub titulo ejus Immaculatæ Conceptionis, et in " altari inclusi Reliquias sanctorum quorum nomina in cathalogo " pariter incluso descripta sunt. Et singulis Christi fidelibus hodiè " unum annum, et in die anniversarii consecrationis hujusmodi ipsam " visitantibus quadraginta dies de verâ indulgentiâ in formâ Ecclesiæ " consueta concessi."

FRANCISCUS.

C'est donc seize ans après qu'elle eut été construite que l'Evêque de Laval en fit la dédicace solennelle. Le Révérend Père Poncet, Jésuite, l'avait bénie et y avait dit la première messe en 1650. Cette église avait alors cent pieds de long par trente-trois de largeur, mesurée à l'extérieur. L'Evêque ne l'avait pas allongée, comme dit l'auteur de *l'Esquisse de vie* que nous reproduisons ; ce ne fut que vingt deux ans après sa dédicace qu'elle fut allongée de cinquante pieds. Nous ne devons toutefois pas tenir compte de cette erreur à notre Chroniqueur C. S. F. vû que son allégué ne comporte rien de dangereux.

Mgr. de St. Valier par son ordonnance Synodale du 8 octobre, 1740, (article 1er,) règle que la dédicace de toutes les Eglises du diocèse sera solennisée tous les ans le second dimanche de juillet.

L.

M. DE LA TOUR.

Louis-Bertrand de la Tour, "écrivain infatigable," homme aussi distingué par son zèle que par ses travaux littéraires, selon l'expression de M. l'abbé Capmas, curé de Montauban, naquit à Toulouse, en 1700. Son père, avocat distingué au barreau de cette ville, le destina à l'état Ecclésiastique et le fit élever à St. Sulpice de Paris, où il montra des talens et de la piété. Plus tard il fut reçu docteur de Sorbonne, et s'attacha au Séminaire des Missions Etrangeres de Paris. Cette maison à laquelle celle de Québec était affiliée, comme on le voit par la vie de Mgr. de Laval, forma le jeune de la Tour, qui venait d'être promu au Sacerdoce.

Ce ne fut qu'en 1722 qu'il fut ordonné prêtre, puis destiné par les Directeurs du Séminaire des Missions Etrangères aux travaux des missions du Canada. Ses talens distingués le placèrent bientôt avantageusement dans l'estime de l'Evêque de St Valier, qui occupait alors le Siége de Québec. Peu d'années ensuite il devint doyen du chapître de Québec, Conseiller-clerc au Conseil Supérieur de cette ville, et fut promu à d'autres postes subordonnés auxquels l'appela la confiance de son Evêque. Dès 1730, il occupait ces deux charges importantes. En 1736, il fut député par le chapître de Québec pour recevoir à Paris la reddition des comptes de M. Hazeur de l'Orme, qui était en France agent des abayes dont le chapître de Québec percevait le revenu. Cette même année, il résigna son doyenné de Québec et se décida à ne plus revenir en Canada.

Mgr. de Rastignac, Archevêque de Tours connaissant bien la haute capacité du doyen de Québec, l'attira dans son diocèse, le fit chanoine et official du Diocèse, et le chargea de la direction de plusieurs communautés religieuses.

M. de la Tour ne laissa pas stérile le talent pour la prédication dont le ciel l'avait favorisé. En 1737, il prêcha sa première retraite à Toulouse, donna des conférences et remplit pendant les années suivantes plusieurs stations dans les principales villes du midi de la France, à Ambroise, à Angers, à Bayonne, etc.

En 1740, l'Evêque de Montauban, M. de Chavagnac, lui offrit la cure de S. Jacques de cette ville, l'abbé accepta, travailla avec fruit au ministère, et devint peu après Chanoine et doyen du chapître de Montauban. L'Evêque étant mort peu après, il fut nommé un des grands-vicaires chargés de l'administration pendant la vacance du siége épiscopal. Appelé à l'emploi de secrétaire perpétuel de l'Académie de Montauban, il y fonda un prix annuel d'agriculture, et joignit à ses dons à la dite Académie une somme dont le produit devait annuellement être partagé à deux filles nubiles des campagnes, qui se seraient distinguées par leur religion. Souvent il intéressa les Académiciens qui se l'étaient associés par les discours qu'il prononçait et qu'il a recueillis. Ils forment 5 vols. in-12, manuscrits, et se composent de " discours littéraires, recherches philosophiques, Panagériques, un discours prononcé en l'honneur de S. Louis à l'Académie de Pau dont il était membre."

Simple dans ses mœurs, frugal, austère même en tout ce qui le concernait, vivant très retiré, M. de la Tour trouvait dans ce genre de vie le moyen de faire plus de largesses. C'est à lui que la ville de Montauban est redevable de l'établissement de Frères des Ecoles Chrétiennes dans son sein. Sa facilité à composer était extrême, et il faut avouer qu'il en abusait; car en lisant sa "Vie de Mgr. de Laval" dont le style est si précis, on est surpris de sa concision, surtout quand on a pu lire quelqueune de ses lettres, ou lorsqu'on apprend qu'outre 25 volumes de " discours sur la Chine," il a laissé 4 ou 5 volumes manuscrits contenant des " Réflexions et entretiens sur l'Etat religieux," et environ 92 écrits divers consistant en avis relatifs aux retraites.

Rien ne prouve mieux l'effrayante fécondité de cet écrivain que ses " Recherches sur les théâtres, qui remplissent 20 volumes manuscrits." Il y ramène tout ce qui de près comme de loin se rapporte à sa matière. Il s'élève contres les théâtres de société, dont le goût commençait à se répandre de son temps, et dont il prévoyait les funestes effets.

Son histoire de la vie de Mgr. de Laval est à peu près ce qu'il a le mieux traité; encore y a-t-il fait entrer une foule de traits et de faits qui n'indiquent pas qu'il fut très méthodique, quoique l'on soit fort aise de trouver dans ce volume des renseignemens précieux sur les choses du temps où il se trouvait en Canada. Sa " Vie de Caulet, son Eloge de M. de Champflour, Ev. de Mirepoix, sa Vie de Bourdoise," n'ont rien offert d'intéressant au lecteur et sont encore en manuscrit.

L'Abbé de la Tour est mort à Montauban, le 19 janvier 1780. Par son testament il laissa sa nombreuse bibliothêque aux Frères des Ecoles Chrétiennes, en leur exprimant son intention qu'elle fut rendue publique. Probablement ils ont aussi hérité de ses papiers, et nous pourraient fournir le second volume de la Vie de l'Evêque de Laval.

Les détails dans lesquels nous sommes entré sur cet homme estimable, les renseignemens que cet article nous fournit, nous doivent excuser de la longueur de notre note. Quoiqu'il en soit nous devons ajouter que l'auteur de *l'Esquisse* ci-contre est en défaut en avançant (*page* 5 *et alibi*) qu'il fut le secrétaire de Mgr. de Laval qui était mort, lorsque M. de la Tour vint en Canada.

C. S. F

M.

Par le décret d'érection du Conseil Supérieur du mois de mars 1663, (voy. lettre 20e sur ce tribunal) le roi veut que le dit conseil soit composé de M. de Mésy, Gouverneur, de M. de Laval, Evêque de Pétrée, et de cinq autres membres qu'ils choisiront et qu'ils pourront conserver dans leur poste ou destituer à la fin de chaque année. Les premiers choisis furent MM. Rouer de Villeray, Juschereau de la Ferté, Ruelle d'Auteuil, Damours et Bourdon. Quelques écrivains ont avancé que l'Intendant Robert, nommé le 21 mars 1663 à cette charge (Intendant) leur fut adjoint dans le choix qu'ils devaient faire des Conseillers ; mais on sait que ce Monsieur ne vint pas en Canada. D'ailleurs son nom n'est pas mentionné dans l'édit de création du Conseil. Ajoutons seulement qu'au sujet de ces nominations, le Gouverneur ne tarda pas à se brouiller avec l'Evêque qu'il injuria et qu'il outragea même en public ; et aussi avec les membres du Conseil Souverain dont il expulsa MM. Villeray et Bourdon, qu'il chassa même de la colonie, les ayant forcés de s'embarquer pour la France sans aucune forme de procès. Voyez la lettre 29e de cette collection : elle contient de plus amples détails sur la conduite du Gouverneur en cette circonstance.

N.

(Institution de la Fête de la Ste. Famille.)

C'est vers 1650, que le Révérend Père Claude Pijard, de la Compagnie de Jésus, qui desservait par voie de mission les colons Français établis dans l'isle de Montréal, avant que les Prêtres de la maison de St. Sulpice y fussent établis, voulut mettre les familles chrétiennes dont se composait son troupeau sous la protection de Jésus, Marie et Joseph, et porter les personnes qui les composaient à imiter les vertus de cette sainte et auguste famille. Peu après, ayant conçu le dessein d'en faire une confrérie, qui serait tenue à certaines pratiques, il dressa un plan d'association qu'il proposa à des personnes pieuses. Les plus qualifiées, selon l'esprit de l'association, y entrèrent, suivant l'exemple que leur donna la vertueuse épouse du Gouverneur Daillebout.

Plus tard, Madame Dillebout ayant été obligée d'aller résider à Québec, fit connaître à quelques pieuses mères de famille, de sa connaissance, le but de l'association et ses précieux résultats. Elles s'étaient même décidées à faire des démarches pour obtenir les réglemens dressés par le Père Pijard, dans le but de s'y conformer, lorsque ce Révérend Père fut rappelé de la mission de Montréal. Sur requête de la dite Dame Daillebout et à l'instigation du pieux Jésuite, Monseigneur de Laval, qui était si empressé de donner son concours à tout ce qui pouvait aider au bien de ses diocésains, prit la résolution de donner à la nouvelle confrérie une base plus solide. A cet effet il fit composer par M. de Mezerets, Vicaire-Général, un recueil de règles que devaient suivre les associés de la Ste. Famille. Il promulgua un mandement qui fesait connaître le mérite de la nouvelle Société et engageait les personnes du sexe à en faire partie.

Le prélat, voulant donner plus de stabilité à l'œuvre, et la généraliser autant que possible, écrivit à la cour de Rome, sollicitant du S. Siége des faveurs spirituelles dans l'intérêt des confrères, et exprimant son intention d'établir en l'honneur de la Ste. Famille une fête qui serait solennisée tous les ans, et sous le rit de première classe.

Ayant reçu de Rome l'approbation de son pieux projet, le digne Evêque établit cette fête dans tout le diocèse, et en fixa la solennité au troisième dimanche après Pâques.

Il avait eu soin de faire rédiger un office particulier et de faire composer une messe propre pour honorer cette fête. Le Révd. Père Chaumonot, Jésuite, M. de Mezerets et deux autres prêtres, dont les noms me sont échappés, furent chargés de composer cet office. On a remarqué bien des fois que cet office est très bien fait et que même dans ses détails il est parfait. Les hymnes et la prose qui se distinguent par une diction pure, et par une latinité digne des plus beaux temps de Rome, furent soumis à Santeuil, qui alors vivait à Paris et qui n'eut à y faire que de légers changemens, après avoir bien des fois admiré l'élégance et l'harmonie de ces diverses pièces.

Cette confrérie fut érigée en forme dans l'Eglise paroissiale de Québec, en 1675, et en l'Eglise de Montréal, à peu près cinq ans plus tard, par M. Pierre Rémi de la Compagnie de St. Sulpice.

ERRATA.

Page 3, ligne 9, au lieu de Montigny, lisez ; *l'Abbé de Montigny.*
" 4, " 23, " affectivement, " *effectivement.*
" 26, " 26, " fesait " *répandait.*
" 39, " 18, " qu'il signa " *signées.*
" 46, dans la Note, dernière ligne, au lieu de Note K, lisez : R.

Dans l'éloge funèbre, page 111, le signe de renvoi (*a*) qui se trouve à la ligne 20, doit être placé à la ligne 4e de la dite page, après les mots, *frères de Montréal.*